Connectez-vous sur www.editionsdelamartiniere.fr

Libres et Insoumis

Audrey Pulvar

Portraits d'hommes singuliers

Sommaire

« IL N'Y A QUE CEUX QUI SOUFFRENT QUI PEUVENT PEINDRE LA JOIE, PARCE QUE L'ON EXPRIME MIEUX CE QUE L'ON CONÇOIT QUE CE QUE L'ON A ÉPROUVÉ. »

Balzac, lettre à Madame Hanska, janvier 1833.

« S'IL VOUS PLAÎT,
CONSIDÉREZ-MOI COMME
UNE ESPÈCE EN VOIE
DE DISPARITION
ET CONTENTEZ-VOUS
DE M'OBSERVER
TRANQUILLEMENT DE LOIN. »

Haruki Murakami, « Voir l'âme et mourir », conférence à l'université de Kyoto (Japon), 6 mai 2013.

« COMMENT ÉCRIRE
QUAND CE QUE TU ES
VÉGÈTE EN DEHORS
DES ÉLANS
QUI DÉTERMINENT TA VIE ? »

Patrick Chamoiseau, *Écrire en pays dominé,* 1997.

En mémoire de Paulin Hospice,
à toutes origines. Rectitude et dignité.

Dans le sillage de Marc Pulvar,
le trottinement d'une fillette de cinq ans.

À Emma, gardienne des legs et talismans.

À Charis, lumière, rire, la vie.

À Alexandre, Libre en gestation,
législateur secret, direction du vent.

Pour Henriette, le nom du manque.

Avant-Propos

Lan mè[1]

Déjà pou yon, lan mè.
Lan mè man té ni pou mèt'
Lan mè man té ni pou zanmi
Lan mè té ka bat mwen
Lan mè, an modèl kloizon
Lan mè ki té ka fèmen mwen
Lan mè ki té ka baré mwen
Kou manniè an té ké sav sa ka rivé an lot bò a ?
Sé dèyè do lan mè ki té ni lan mè !
Lè an té ka palé épi granmanman mwen.

Déjà pou yon, lan mè... D'abord, la mer... *Lan mè man té ni pou mèt',* la mer était mon maître, *lan mè man té ni pou zanmi,* la mer ma meilleure amie, la mer qui me posait problème. La mer, cloison. La mer me tenant prisonnière sur le rivage. La mer me barrant la route. Comment aurais-je pu savoir ce qu'il se passait « de l'autre côté » ? À la mer succédait toujours la mer !

Quand je parlais avec Henriette, Mamie pour trois générations, ma première féministe, de l'enfermement dont, enfant, je me sentais le jouet – malédiction de l'insularité, frustration devant l'impuissance à franchir ces eaux me tenant à l'écart de la vastitude, en même temps qu'elles la symbolisaient, effrayantes, massives. Que pouvais-je deviner du reste du monde, petite conscience haute d'à peine un mètre, debout devant un flot tendre qui venait me lécher les pieds, trompeuse invite amniotique ? Comment oser imaginer l'ailleurs, l'au-delà d'une furie de houle levée, la vie construite « de l'autre côté ». Lequel, de côté ? L'Amérique voisine énorme, l'Afrique lointaine ancestrale, l'Europe au plus dissimulé des brumes ? La France, parente éloignée ? À quoi pouvaient ressembler des existences menées à l'ombre d'immeubles en verre, quelles effluves dégageait le bitume chaud de routes au kilométrage extraordinaire et à la largeur inédite, après une pluie de crépuscule ? Les mêmes que sous mes latitudes ? Que montraient les affiches de cinéma, leurs promesses de vie rêvée, la télévision couleur, l'histoire de l'humanité à l'abri de musées ? Il me fallait mieux que les quelques images entraperçues au hasard de revues oubliées. Il me fallait plus que les bribes de récits, miel enrobant mon oreille, souvenirs déjà déchus, déjà fanés, peuplant les conversations dominicales d'adultes – eux étaient *partis,* eux avaient franchi les eaux, vécu l'après-guerre, les révolutions, la pensée triomphant, ô éphémère, du marché, et ils étaient *revenus* ! –, il me fallait plus grand que les quelques miettes de leurs emportements tombant jusqu'à nous, leurs enfants, occupés à élaborer nos propres circuits de paroles. Il me fallait une « sentimenthèque », à la manière triste et poétique d'un Chamoiseau. Un royaume. Et l'outil pour le déchiffrer. Un lieu à la fois contenu en mon être limité et dépassant les confins, une puissance, un centre radieux, qui me permettrait de saisir le monde entier rien qu'en refermant les doigts dessus, les deux pieds pourtant au rêche du sable d'un cap de Martinique, le regard ouvert immense sur l'océan. L'archipel est mon lieu, le Tout-Monde mon horizon.

Quatre ans, peut-être cinq, le souvenir du chiffre s'estompe, pas celui de l'apprentissage. Elle, ânonnant un peu, mais précise, patiente, chaud giron. Le manuel, vague réminiscence, un chien, une petite fille, un garçonnet, la couleur orange... Voyelles, consonnes, syllabes, mots, phrases... Moi, en état d'*émerveille* et comprenant que les portes du royaume s'entrouvraient. Car tous ces livres à côté desquels je grandissais, défi dressé sur de hautes étagères montant jusqu'au plafond, c'était l'objectif. Bien plus que la kyrielle de joliesses pour petits jetées sur des pages censées leur donner le goût du livre. Celui-là m'avait déjà été versé dans le sang. Henriette, toi, toi, toi. Après l'apprentissage vinrent – comment oublier cette sensation ? – le plaisir écarquillé, la confrontation capiteuse, les premiers émois larmes aux paupières devant la justesse d'une phrase, le recul devant la complexité des concepts. Et, par-dessus tout, la poésie. Pas encore celle du Cham incontournable, l'auteur de *Biblique des derniers gestes,* mais l'indignation toujours à fleur de peau et l'horreur décrite par un James Baldwin, dont la vie, « [sa] propre vie, la vraie, était en danger, pas à cause de ce que quelqu'un d'autre [lui] aurait fait, mais à cause de cette haine qui grandissait dans [son] cœur[2] ». Pas encore l'éclat du soleil sur l'acier froid d'une grande lame, quand Char s'élève et tonne, de toute sa puissance, contre la gueule déformée des lâches, mais le *bain démarré*, celui qui vous délie du mauvais sort : la pensée de Martin Luther King, et sa voix reconnaissable entre toutes, dans chacun de mes pas – « Je crois que la vérité désarmée et l'amour désintéressé auront le dernier mot dans le monde des réalités[3] ». Comme en miroir, les exploits de Mohamed Ali au joyeux des éclats paternels et à leur sombre, les combats politiques du champion du monde, ses larmes ravalées, sa morgue devant l'humiliation de chaque instant – *No negroes served in this area*[4], six mots, une Nation – puis, viatique pour mes nuits, le sourire narquois mais bienveillant de maman – « ce gars-là est tellement rapide, répétait-elle, que quand il éteint sa lumière la nuit, il est couché avant qu'il fasse noir dans la pièce »... Elle préférait m'enseigner Angela-ton-troisième-prénom-Davis et me seriner son legs, m'inoculer l'intransigeance d'un Brassens et son usage virtuose d'une langue dont le respect ne se discutait pas. Échapper aux frissons de colère, à l'incompréhension devant la découverte du grand ordonnancement des oppressions ? Vite, le recueil misanthrope, innombrables heures solitaires, sous le couvert de l'arbre le plus dense du jardin d'Henriette. S'y abriter pour un tête-à-tête fiévreux avec les fulgurances d'Alexandre Dumas, avant que vînt l'exploration, souffle coupé, cœur sur le point de rompre, de la phrase balzacienne, cette tempête, de la rage faulknérienne, cet uppercut. Presque en même temps, appétit d'œuvres décuplé, longues marches, nuits au riche silence, arriveraient Brel, son cri – c'est pas d' la colère, c'est de la douleur –, et le choc de Basquiat : brutal retour de l'électricité, pulsation-bombe, étourdissement. C'est alors que la clé de voûte de l'édifice tourna pour en rassembler les plaques et continents : la mélancolie Russell. Avec lui prenaient cohérence toutes les quêtes – vouées à l'échec – de l'absolue beauté. Au révélateur de sa pensée, surgissaient les manteaux invisibles dont lui et ses semblables ici réunis se vêtent, se méfiant de la paresse crasse des existences, parant la déception garantie quand on attend de l'autre, en vain, qu'il mette en œuvre ce dont on le sait capable. Temps donné, temps perdu, temps en moins. Temps de vie à jamais évanoui.

« Fermes devant la meute rageuse des tricheurs, au-dessus du vide et proches de la terre commune, ils voient le dernier et signalent le premier rayon[5]. » Ils sont les « désenchantés silencieux », selon René Char, qui en dépit des vicissitudes du quotidien, voire grâce à elles, ont fait de leur propre vie un combat exceptionnel au service de l'universel, arc-boutés devant l'adversité, poing dressé face à l'ennemi, qu'il soit ordre établi, système, État, fatwa ou soldat. Ce qu'ils veulent, c'est révéler en chaque être, en chaque instant, en chaque pépite offerte par la vie joueuse, par l'aspiration à un meilleur, l'humanité de notre condition de mortels et ce qu'elle serait si « des hommes inspirés par l'amour du prochain [reconstruisaient] ce qu'ont détruit des hommes inspirés par l'amour de soi[6] », clame Martin Luther King. On ne les voit que rage et poudre explosive dans le regard, alors que chacun était d'abord vibration en résonance avec la magie occupant tout l'espace, tendresse à l'autre, espoir inaliénable. Mais les siècles broient souvent, sans même percevoir leur puissance incandescente, ces désenchantés soufflant quelque air de subversion entre les roues dentées de leur trépidation. Les siècles et leurs « fourmis satisfaites[7] », contre lesquelles Char nous met en garde, se contentent souvent d'apparences : « Je suis tout le contraire d'un sauvage, dit Brassens, [...] mais ça n'a pas d'importance. On a besoin, toujours, de mettre des étiquettes sur le dos des gens, c'est plus facile, pour le jour de la Saint-Barthélemy[8] ». Alors le refuge du silence, alors la quête d'ermitage. Et Brel mettant brutalement fin à sa carrière, fuyant les hommes, ses si peu semblables. Et Baldwin de s'interroger : « Peut-être que la première caractéristique de l'artiste, c'est de devoir absolument cultiver cet état que tout homme normal s'efforce d'éviter, l'état de solitude[9]. » Tellement prégnante, cette solitude, qu'elle en devient épuisante, pour les insoumis enjambant les siècles comme Russell, ou les révoltés au long cours comme Jim Harrison, éternel farouche, cheval et forêt et hibou et astre solaire à lui seul... un homme capable de percevoir le chuchotement rauque des épis de maïs dans la nuit moite, que le comportement irascible d'un chien peut faire pleurer, mais qui se console de l'emprise de la dépression en parcourant plaines, lacs et montagnes pendant quatre-vingt-dix jours d'affilée, faisant un principe de vie d'un vers de William Blake : « Ne comprends-tu pas que le moindre oiseau qui fend l'air / Est un immense monde de délices fermés par tes cinq sens[10] ! » Sa plus grande réussite ? S'être survécu.

Parce qu'ils ne voulaient pas se contenter de vivre telles des fourmis satisfaites, parce que l'histoire leur commanda un engagement total pour défendre l'humain en eux et donc en chacun de nous. Parce qu'ils sont ceux qui, aux côtés de Barbara, Angela Davis ou Doris Lessing, se rappellent à mon souvenir dans l'exercice quotidien de l'existence, ceux dont je relis les œuvres, me berce des chansons, m'inspire au jour le jour, les *xapiri* des Indiens yanomami, ces esprits magnifiques et puissants descendant régulièrement de la montagne jusqu'à eux, au cœur de leur terre-forêt. Parce que les poètes, selon le mot de Shelley, sont les législateurs secrets du monde... et que tous ici, part d'un panthéon personnel, choix forcément partiel et arbitraire, affaire d'édification intime, en correspondance avec les femmes de *Libres comme Elles,* sont poètes, architectes de l'humain, bien plus politiques que beaucoup de dirigeants. Eux savent délivrer en nous, même au plus sombre de la tyrannie, l'étincelle qui mobilisera nos forces implicites mais souvent méconnues de nous-mêmes.

Après le goût du combat pour la liberté d'être soi, défendu par Elles, j'ai voulu transmettre le sens de l'universel défendu par Eux. Celles-là structurent ma pensée féministe et ma relation politique à l'autre, ceux-ci construisent ma vision épistémologique de l'existant. Archipel, lieu, Tout-Monde, horizon : « L'unique hurlement est en toi[11] », écrit Chamoiseau.

Jean-Michel Basquiat

Tous mes cailloux sont d'offense

« Baies ailées j'ai marché sur le cœur grondant de l'excellent printemps / de qui ai-je jamais soutiré autre femme / qu'un long cri et sous ma traction de lait / qu'une terre s'enfuyant blessée et reptile entre les dents de la forêt »

Aimé Césaire, « La loi est nue », in *Soleil cou coupé*, Paris, K éditeur, 1948.

Andy Warhol, *Reel Basquiat*, 1984. Encre de sérigraphie et peinture polymère synthétique sur toile, 228,6 × 177,8 cm.

Et maintenant, alors ? Maintenant que je ne suis plus qu'os, poussière, squelette tombé à l'horizontale, en presque silence, dans la solitude à secrets de mon tombeau… Et maintenant que je ne suis plus que dents chues, molles, sans bruit, dans la sciure d'un corps décomposé, sec, suie, sueur, bouche sans lèvres, qui n'a plus de bouche que l'esquisse. Maintenant que mon enveloppe vidée de ses viscères, exsangue – non plus traîtresse car ne gardant qu'à la marge, sous le centimètre rétif d'un derme encore témoin, dans le tu situé entre deux orteils, la trace désormais inoffensive de vieilles fréquentations addictives –, débarrassée de ses miasmes, de ses stigmates, de ses hoquets, de l'électrocution du manque la parcourant parfois et dressant chacun de mes poils comme autant d'aiguilles transmettrices-réceptrices de la violence extérieure, comme autant de parcelles de mon être entrant en communion avec les milliards de chuchotements d'âmes tourmentées, comme autant de façons d'exploser en étincelles, myriades aussitôt dévorées par et dévorant l'alentour, maintenant que le nid de dreadlocks me servant de forêt capillaire – baobabs fiers avant-coureurs de ma beauté, dont Saint-Exupéry aurait jaugé l'audace – n'est plus qu'ombre d'amas laineux d'une broussaille noire, que je ne suis plus ni peau, ni muscles, ni tendons, ni membranes, ni muqueuses, ni nerfs, ni sexe, ni reins, ni fluides, ni sperme, ni glaires, ni larmes, que mes longs cils recourbés se sont désintégrés, que mes pieds ne sont plus là pour arbitrer la grâce d'un déplacement félin, corps long à tête hirsute dans un non moins long manteau, voûte nue à même le bitume, émanation timide, geste rapide jetant dans l'écume noire d'une peinture illégale la fulgurance d'une pensée jaillie, frappant les esprits, dérangeant les consciences, maintenant qu'est éteinte la fièvre me jetant à la tête de la ville, enfant violenté fugueur récidiviste en quête d'un refuge hors la folie d'une mère dépressive patiente psychiatrique à répétition, adolescent oiseau rongeant les rets paternels qui entravaient son envol mais redoutant de subir longtemps encore, plantés dans son dos tel un œil maléfique, les effets de la désapprobation de père l'aigle, muette mais bien présente, quand

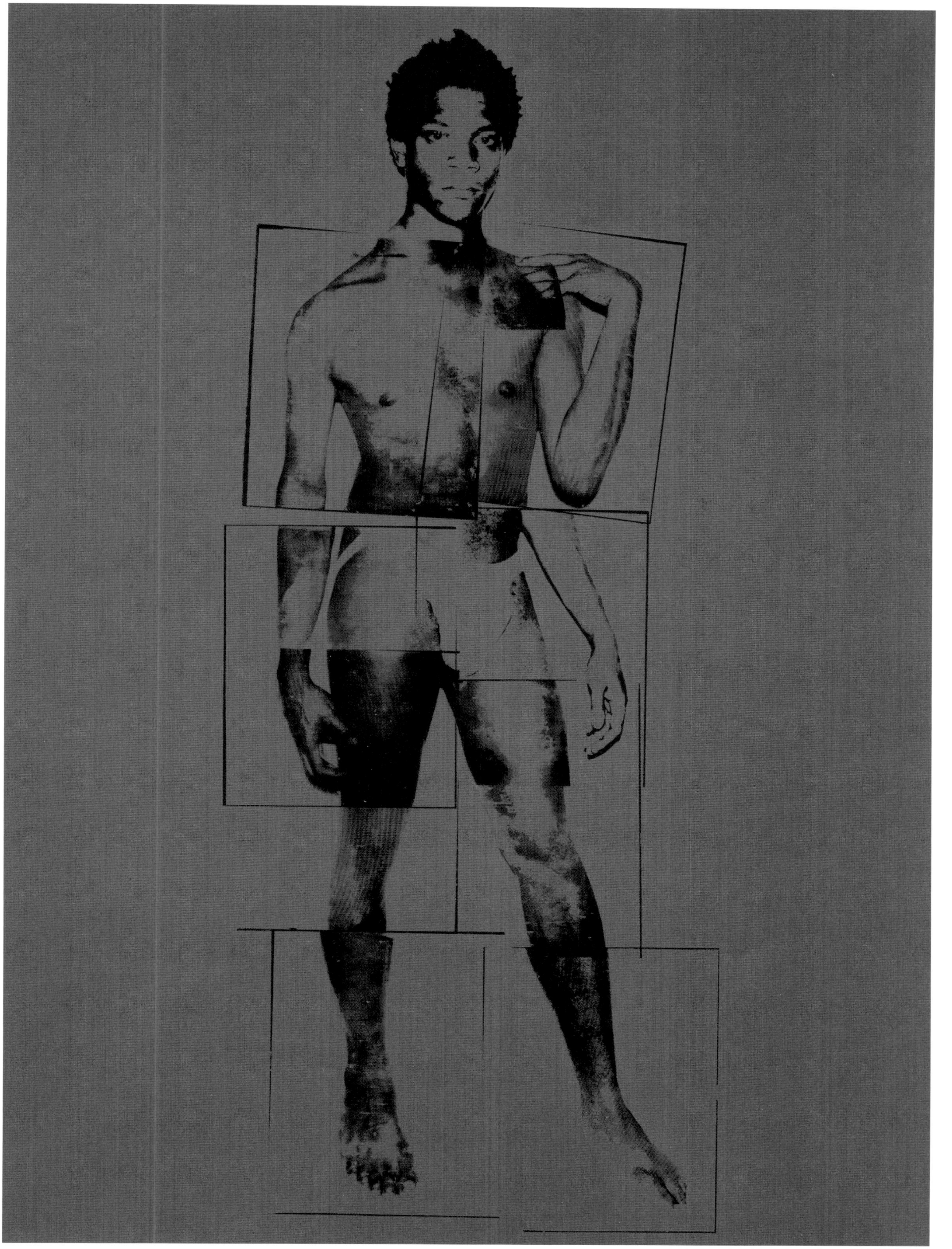

elle ne fut pas matérialisée par les mauvais traitements, maintenant que New York n'est plus le Manhattan de mes années radieuses, Sin City et flûte épousant le beat inimitable d'un Gil Scott-Heron, City of Crime et éclat sombre d'un Donny Hathaway composant *The Ghetto,* ville monceau, lente déréliction, centre à la dérive et ses quartiers oripeaux, couleur rouille, façades conchiées, longues, très longues traînées de cette drogue laissant dans son sillage des cadavres dont plus personne ne s'émeut, vitres brisées, larges avenues à l'abandon, squats emplis de détritus, fillette dénudée, mal peignée, des chaussures mais fesses et sexe à l'air, peau crasseuse, tee-shirt trop court, regard vide, la morve au nez, à ses pieds des adolescents télescopant breakdance et smurf tandis qu'un Ghetto Blaster de la taille d'une moitié de voiture vomit ses décibels scratchés, ville de tous les possibles, où le meurtre est langage, où le viol est routine, où la lame et le feu prolongent naturellement le bras droit, infectée de mafias, saignée par les gangs, tenue par les cartels et les petites frappes des *blocks,* élevant la corruption au rang d'industrie, ville désertée par ceux qui possèdent, ceux qui paient, laissée en jachère aux derniers courageux, aux junkies et aux poètes, parfois les trois à la fois – « Si le bon Dieu existait, qu'il eût fourgué dans sa poubelle quelques tonnes d'acier, de verre de béton, mélangé à tout ça quarante races humaines et renversé sa poubelle sur l'Hudson, alors il eût créé New York. Si le bon Dieu existait et qu'il eût fourgué dans sa poubelle douze millions d'hommes et femelles mélangés à des cubes d'acier, agité le shaker et qu'il eût renversé sa poubelle sur ce marécage rectiligne que limitent la mer, l'East River et l'Hudson, alors il eût créé New York. Salut, New York ! Salut, vierge rigide aux angles de l'Hudson, et salut, poubelle renversée. Et salut, frères rats qui fouillez la poubelle[1] » –, et la drogue, ces montagnes de drogue, ces fleuves de drogue irriguant la ville, toujours toute cette drogue à portée des veines, ces tunnels de drogue obstruant les narines, cette drogue que, jeune, j'ai dealée pour subvenir à mon indépendance, dont les conséquences de l'usage se voient tous les jours en l'homme ou la femme se traînant par terre (par terre dans la rue !) et mourant bientôt – six meurtres par jour et combien de décès quotidiens dus au crack dévastateur ? – maintenant que Time Square n'est plus ce repaire de traîne-misère errant de sex-shop en hôtel de passe ou sordide club de strip-tease, maintenant que je ne suis plus ce garçon noir, né au mitan de Brooklyn, pile en 1960, aîné de deux sœurs, nous trois métis d'un père haïtien émigré et d'une mère aux racines portoricaines, beaux, le cheveu brillant, l'œil instruit, élevés dans un quartier *middle class,* comme les petits-bourgeois que nous fréquentions dans nos écoles privées – mais est-on un petit bourgeois comme un autre dans les États-Unis des années 1960 où le lynchage a encore droit de cité dans

Jean-Michel Basquiat, *Toxic,* 1984. Acrylique, bâtonnet de peinture à l'huile et collage de photocopies sur toile, 218,5 × 172,7 cm.

« ILS CONTINUAIENT DE ME DÉCRIRE COMME UN GRAFFITEUR [...]. GRAFFITI ÉTAIT DEVENU UN AUTRE MOT POUR NÈGRE. »

Jean-Michel Basquiat et Fred Brathwaite, « Burning out », entretien accordé à Anthony Haden-Guest, *Vanity Fair*, novembre 1988.

Jean-Michel Basquiat in *The Radiant Child*, film documentaire de Tamra Davis, 2010.

Affiche française du film *Downtown 81* (originellement *New York Beat Movie*) d'Edo Bertoglio, sur et avec Jean-Michel Basquiat, 1981.

certains États du Sud, quand le sort vous a joué le tour de vous faire naître noir ? –, moi sachant à peine marcher mais toujours fourré dans les jupes de ma mère au Brooklyn Museum et dans les galeries, moi dessinant sur tout ce que je trouve, auteur de milliers de dessins d'enfant jalousement gardés par Gérard, mon père, qui sut très tôt – j'avais… quoi, quatre, cinq ans ? – que coulait dans mes veines un sang différent de celui du tout-venant, je n'allais pas le décevoir, n'est-ce pas, je devais en faire beaucoup plus que les autres, choisir l'excellence ou rien, corps bien plein, corps bien fait, haut comme trois pommes je parlais quatre langues, j'écrivais des chroniques, mais toujours cette malédiction de couleur de peau qui m'obligerait à me dépasser, toujours cette grande ombre portée du père qu'il me faudrait supplanter un jour, et j'avais su moi aussi très tôt que la vie n'est pas qu'une fête, que l'existence d'un enfant surdoué est souffrance, solitude, incompréhension, désespoir, que sous un éclat de rire je peux cacher une peur infinie, celle de n'avoir jamais assez de bruit ni jamais assez de monde autour de moi pour me sentir moins seul, que dans des accès de rage alimentés par l'acide, puis par des flots de marijuana ou, plus tard, irrigués d'héroïne, cette sœur de faux espoirs remontant jusqu'à mon cœur, je voudrais courir au plus loin de tout être vivant bipède, le sang bat sous mes tempes, ma mère est déséquilibre, mon père inébranlable, je suis omniscient, mon pouls accélère, il perçoit tout, il entend tout, il sait tout avant même que tout ne se soit produit, il entre en communion avec chaque fibre du grand tissu spatial, j'ai un corps qui bouge, autonome, qui flotte, brillant, très au-dessus du commun, qui se disloque, tremblant et sanglotant, au moment du doute, toujours repousser les limites, j'ai sept ans et suis renversé par une voiture alors que je jouais dans la rue, un mois et demi d'hôpital, les douleurs de l'opération d'une rate perforée, de nombreuses contusions pourraient avoir raison de ma bonne humeur, mais non, puisque ma mère m'a apporté un livre intitulé *Gray's Anatomy* et que ce choc sera l'un des points cardinaux de ma construction de poète, de peintre, de chanteur créateur d'un *noise band*[2] à la John Cage – « Nous nous efforcions d'être imparfaits, rugueux, excentriquement beaux[3] » –, qu'il conduira ma pensée et fera danser mon pinceau dessinant des squelettes en veux-tu en voilà, hantise récurrente, j'ai seize ans et je fugue de nouveau, traînant, quinze longs jours, quinze longues nuits, dans un parc, défoncé à l'acide, Gérard me retrouve, Gérard me fait rentrer, j'ai presque dix-huit ans et je quitte le domicile familial pour de bon cette fois, au vu et au su de tous, j'ai été renvoyé de la City-As-School, école novatrice dédiée aux élèves à l'intelligence supérieure où j'avais pourtant enfin été moi, enfin populaire, enfin aimé, enfin heureux et où je fis la connaissance d'Al Diaz, mon premier vrai ami, je pars, trop d'incompréhension, trop de heurts, mais la promesse faite à mon père de réussir, avec aux tripes l'envie d'être le meilleur ou rien et au bout du tag la poésie de SAMO, pour *Same old shit,* élaborée avec Al, des imprécations, des psaumes, des aphorismes antisystème, anticléricaux, *anti-establishment,* élevant l'homme, percutant ses certitudes, dérangeant son quotidien, habilement placés sur le chemin des galeristes, images subliminales dispersées tels des cailloux noirs à la sortie des clubs les plus novateurs, surgissant de la jungle de graffitis qui peuplent le moindre espace de mur dans la ville, le moindre carré de surface du métro, rames et stations, Manhattan est un terrain de jeu géant pour *street artists,* et SAMO surprend, titille, s'inscrit, me vaut d'être remarqué par *The Village Voice,* un article et la surprise générale – comment ? SAMO est donc si jeune ? SAMO est un jeune Noir ? – alors New York la décadente, New York l'avant-gardiste, la ville où chacun peut se proclamer artiste, musicien, réalisateur, peintre, en ces années furies 1970 finissantes, à l'amorce des années fric, des années sida, des années gentry, New York découvre mon génie, à peine un an passé dans les rues à creuser mon sillon, à vendre des cartes postales et des tee-shirts par moi fabriqués, cédés de la main à la main pour le dollar qui me permettra de ne pas redouter le lendemain et me voilà coqueluche, jeune artiste prometteur détecté par ceux qui flairent le talent, moi dessinant sur tout ce qui

« QUAND JE SUIS ARRIVÉ, L'ART, C'ÉTAIT ESSENTIELLEMENT LE MINIMALISME, CE QUI ME PERTURBAIT UN PEU. IL ME SEMBLAIT QUE CE TYPE D'ART SE COUPAIT UN PEU DES GENS. »

Jean-Michel Basquiat, « Il faut que j'ai des sources d'inspiration autour de moi », entretien accordé à Becky Johnston et Tamra Davis, Beverly Hills (Californie), 1985.

Jean-Michel Basquiat, New York (États-Unis), 7 novembre 1984. Photographié par Ron Galella.

me tombe sous la main, portes, réfrigérateurs, planchers, plafonds, carcasses de voiture, murs, moi accrochant parmi d'autres jeunes – rencontre décisive avec Keith Haring – dans *New York/New Wave*[4], moi aussitôt repéré, pris sous l'aile d'Annina Nosei, découvreuse de pépites, celle qui me paiera les toiles sur lesquelles je jetterai mes premiers succès, celle qui m'ouvrira le sous-sol où naîtra le peintre suractif, esprit en perpétuelle effervescence, phénomène ne pouvant jamais faire moins de quatre ou cinq choses à la fois, réfléchir, créer, lire, écouter Charlie Parker, Billie Holiday ou Maurice Ravel, laisser se dérouler le ruban sonore de la télévision et peindre trois tableaux monumentaux, maintenant que je ne suis plus celui dont le premier vernissage se solda par la vente, en quelques heures, de toutes ses œuvres, premier jeune Noir, ce plus jeune jamais invité, ce premier en tout au programme d'événements internationaux, plus jeune artiste jamais exposé, en 1982, à la *documenta* de Cassel, en Allemagne, ce prodige interrogeant ceux qui l'ont nourri, Van Gogh, Vinci, Pollock, Twombly, De Kooning, Dubuffet et bien sûr Picasso, sans pour autant se satisfaire de répétitions ni de variations mais pulvérisant toutes les références pour imposer sa propre voix – « Si vous voulez parler d'influence, vous devez comprendre que l'influence n'est pas une influence. C'est simplement l'idée de quelqu'un traversant mon esprit neuf [...] et si ces toiles peuvent vous paraître bâclées, notez que je sais exactement ce que je fais. Que chaque ligne, chaque élément est à sa place. Ne croyez pas que rien de ce que je peins est dû au hasard[5] » –, maintenant que je ne suis plus cette jeune star internationale dont les tableaux s'arrachent, cet enfant grandi trop vite, ébloui et ne sachant que faire des liasses de billets débordant de ses poches, incapable d'ouvrir un compte en banque, laissant traîner ce trop plein d'argent partout, sur les tables, caché sous les matelas, entre les pages d'un livre, prêté en masse sans rendu à des amis moins portés par le succès – et pourquoi crois-tu qu'ils viennent tous, qu'ils traînent sur mon plancher, nourris, blanchis, drogués, en sachant qu'il n'est besoin que de peu chercher pour les trouver, ces liasses mal dissimulées ? –, j'avais cru que l'argent, mon nom dans les journaux, le succès de mes écrits, mes toiles, mes chansons, ma littérature, que sais-je encore, je pouvais me projeter dans tant d'espaces de création à la fois, j'avais cru que là était le salut de mon être sensible incompris et incompréhensible, inaccessible

aux autres, seul, j'avais cru mais je m'étais trompé, ni l'argent, ni les sourires, ni les biens tendus, les paires d'yeux admiratifs, ni ma tête sur toutes les formes de supports possibles, ni la notoriété de mes excentricités, ni mon corps, défilant sur des podiums, posant devant les objectifs, lové contre celui de jeunes femmes dont je savais d'instinct qu'elles deviendraient stars, ni même cette célébrité tant recherchée ne suffiraient à calmer mes séismes intérieurs, ma vulnérabilité, la colère brasillant dans mon sang au moindre doute dans le regard de l'autre – j'aurais aimé avoir la froide indignation d'un Thomas Bernhard se contentant de cingler dans un billet : « Merci de ne pas trop vous fatiguer, et pour la prochaine critique d'un de mes livres, de faire directement appel à un chimpanzé, un singe hurleur, également originaire bien entendu de Haute-Autriche, ou y ayant sa résidence[6] », moi peignant en costume Armani, dans l'immense loft de Crosby Street où je m'installe et qui ne désemplit jamais, tous ces gens, toutes ces fêtes, tout ce gâchis de nourritures exquises, de breuvages onéreux, toutes ces filles, jeunes, drôles, belles, tout ce bruit créé, entretenu, envahissant, et dans ce grand bordel, jamais ne me quittant, la rage de peindre, toujours, partout, plus, plus esthétique, plus à l'avant-garde, plus politique, plus fulgurant, dénonciateur, miroir terrible d'une société incapable d'honnêteté, tandis que de mois en mois, je compte en mois car ma vie fut trop courte pour compter en années, la dichotomie m'oppresse, me broie, me submerge de houles désespérées, écœurantes, *to be young, gifted and black,* dans le New York des années 1980, comme dans n'importe quel lieu de la Terre à n'importe quel moment de l'histoire, noir, jeune et doué, oui, mais voulant désespérément être avant tout reconnu comme un être humain, un être pensant, de chair et d'esprit, capable de questionner l'époque, de la modeler, de l'inventer différente, d'y inscrire une marque la changeant à jamais, en tant, avant tout, qu'être humain et non, étroitement, trop étroitement, en tant que blessure à vif, et pourtant ne pouvoir s'affranchir du besoin de dire le mal, la haine raciste, l'abysse du rejet – mais comment concilier mon aspiration à être considéré, aimé, respecté en tant qu'artiste plutôt qu'en tant qu'artiste noir, et mon besoin viscéral de dénoncer le passé ségrégationniste, les violences racistes, le présent discriminatoire qui m'empêcheront encore aujourd'hui, malgré le succès, malgré ma contribution à l'édification mondiale, de voir s'arrêter un taxi quand je le hèle ? Comment résister à l'envie de jeter un pot de peinture à la figure de ces journalistes incapables de voir autre chose dans mon œuvre que l'expression primitive, sauvage, de racines étrangères alors que je suis né en plein New York, les mêmes continuant, en dépit de centaines de tableaux vendus à peine leur peinture sèche pour des dizaines de milliers

Jean-Michel Basquiat peignant, Saint-Moritz (Suisse), 1983. Photographié par Lee Jafe.

de dollars, à me désigner comme un graffiteur ? Comment ravaler mes sanglots devant le martyr de Michael Stewart, africain-américain, vingt-cinq ans, surpris à 2 h 30 du matin dans le métro new-yorkais, à la station First Avenue de Manhattan, alors qu'il commençait un graff, comme ça, en passant, sur le chemin du retour vers la maison de ses parents, appréhendé, menotté, jeté pieds et poings entravés dans un fourgon de police, non sans avoir hurlé « Qu'ai-je fait de si grave ? De grâce ! », non sans avoir supplié les témoins de la scène accourus à leur fenêtre, un mile, un petit mile entre le lieu de son arrestation et l'hôpital où il arrive dans le coma et meurt quelques jours plus tard sans avoir jamais repris connaissance ? Où trouver ailleurs que dans la sensation brûlante de l'héroïne se frayant son chemin dans le sous-bois de mes veines le courage de supporter tout cela ?
– Maintenant que j'ai rencontré, aimé, sublimé Andy Warhol, comme un deuxième père, comme un frère, comme un égal, nous qui fûmes si proches, inspirés l'un par l'autre, lui qui fut tellement stimulé et épaté par ma rapidité, la justesse de mon propos, les champs que j'ouvrais, la multiplicité de mes possibles, lui, l'adulé, l'âme sœur, descendant de son piédestal et venant à la fois m'épauler, se mesurer à moi, m'aimer, m'aider, se mettre à l'épreuve au contact de mon génie, reprenant les pinceaux qu'il avait délaissés depuis des années, maintenant qu'il est mort, me laissant orphelin, me laissant sans frère, me laissant sans attaches, ballotté, buvant la tasse, jeté contre les rochers coupants de mes angoisses, le visage démangé par l'addiction, les gencives massacrées par les poudres opiacées, maintenant que la mort est descendue en moi, y a pris ses quartiers, dans l'attente du moment de frapper, maintenant que j'ai traîné, tourné, viré, tenté de me sevrer, d'arrêter de me détruire, que j'ai gravi les cimes d'une inquiétante hyperexcitation et sondé les abîmes du mal-être endémique, que je me suis rendu à Hawaii et que je m'y suis senti, l'espace de quelques jours, apaisé, jusqu'à ce que le manque de drogue fut remplacé, dans mon sang, par l'abus d'alcool, maintenant que je suis rentré et ai effrayé ma poignée de vrais amis en clamant que j'arrêtais tout pour ouvrir un bar à tequila, que j'étais sobre et que plus jamais je ne toucherai à la moindre drogue, maintenant qu'au mitan d'un mois d'août, en 1988, dix jours à peine après cette déclaration, à vingt-sept ans, ni singe savant, ni bon sauvage, mais être humain libre et créateur génial, je suis mort seul dans mon lit, drapé dans ma tristesse, du sang au coin des lèvres, le corps gisant dans mes vomissures, le cœur foudroyé par un cocktail héroïne-cocaïne, maintenant, m'aimez-vous enfin pour celui que je suis ?

Affiche de l'exposition *Warhol-Basquiat paintings*, New York, Tony Shafrazi Gallery, 14 septembre – 19 octobre 1985.

Honoré de Balzac

Étreindre, embrasser, sublimer

« L'artiste se forge dans cet aller-retour perpétuel de lui aux autres, à mi-chemin de la beauté dont il ne peut se passer et de la communauté à laquelle il ne peut s'arracher. »

Albert Camus, discours de Suède, réception du prix Nobel de littérature, 1957.

Anonyme, *Honoré de Balzac*, XIXe siècle. Dessin.

Comme un enfant en plein apprentissage, photographiant sans paroles le réel dans son intégralité, sans savoir tout nommer mais avec l'instinct de bientôt tout définir, emmagasinant au fil de la journée une foultitude d'informations, les triant et les hiérarchisant dans le silence solitaire de son sommeil nocturne, tissant la résille de l'univers tel qu'il l'appréhende, le conçoit, le subodore. En silence, dans la fastidieuse solitude de la création, enfermé pendant des semaines, dévoué à son œuvre, ascétique – « Je me suis jeté dans le travail, comme Empédocle en son volcan, pour y rester[1] » –, Balzac édifiait sa peinture monumentale des êtres sous l'emprise de leur époque, de la transformation d'un siècle basculant de l'Ancien Régime dans l'infini. Ce moment de notre histoire européenne où « Les désillusionnements commencent : ici, se révèlent les frottements du mécanisme social ; là, le choc journalier des intérêts moraux ou pécuniaires fait jaillir le drame et parfois le crime, au sein de la famille en apparence la plus calme [...], les sentiments vrais sont des exceptions et sont brisés par le jeu des intérêts, écrasés entre les rouages de ce monde mécanique. La vertu y est calomniée, l'innocence y est vendue, les passions ont fait place à des goûts ruineux, à des vices ; tout se subtilise, s'analyse, se vend et s'achète[2] ». Né dix ans après la Révolution, le plus grand écrivain français n'a rien perdu des déflagrations, soubresauts, erreurs historiques, renoncements et désenchantements mis en germe par les Lumières, florissant à mesure qu'une bourgeoisie moyenne s'épanouissait au grand jour, explosant en fruits les plus gorgés d'espoir après le 4 août 1789, noircissant, desséchés, dès les massacres de 1792, avant que ne monte, à la faveur de têtes roulant dans des paniers abreuvés de sang, de corps fusillés par dizaines de milliers, de régimes renversés, de République bégayant, d'Empire velléitaire, de monarchie jetant ses derniers feux et de révolutions succédant aux révolutions, une forêt de négociants ambitieux, banquiers sans vergogne, parieurs en bourse sans limites, journalistes sans scrupules, courtisanes sans

Henri Désiré Porret, d'après J.J. Grandville, *Paon assis sur son fauteuil*, in Honoré de Balzac, « Guide-âne à l'usage des animaux qui veulent parvenir aux honneurs », *Scènes de la vie privée et publique des animaux. Études de mœurs contemporaines*, Paris, Hetzel et Paulin, 1842. Gravure.

Andrew, Best et Leloir, d'après J.J. Grandville, *Lionne avec un pistolet et un fouet*, in Honoré de Balzac, « Voyage d'un lion d'Afrique à Paris », *Scènes de la vie privée et publique des animaux. Études de mœurs contemporaines*, *op. cit.*

tabous, danseuses sans le sou, prêtres sans morale, prostituées en bataillons, pères de famille perdant le sens de la mesure, industriels en devenir, tous arc-boutés à une cupidité et une soif de gloire neuves car actionnées par des fils inédits. La possibilité d'élévation pour un plus grand nombre, le pouvoir de la presse, l'emballement de la vie parisienne, l'étourdissement des fêtes, la licence à grande échelle, la spéculation boursière, les échanges commerciaux prenant de l'ampleur, la conquête de nouveaux territoires..., soudain le monde, éclat de rire aux lèvres gourmandes, semblait emporté dans une folle cavalcade.

Lui, fils d'un berger de l'Albigeois né Bernard François Balssa, devenu Balzac à l'orée de la Révolution française, s'adjoignant une particule en 1802, alors en pleine ascension sociale, devenu secrétaire du Conseil du roi, puis, entre autres, directeur des Vivres dans l'armée, et d'Anne Charlotte Laure Sallambier, issue d'une famille petite-bourgeoise de commerçants vendeurs de drap à Paris, mère mal-aimante qui le mit en nourrice pendant les quatre premières années de sa vie, puis en pension, le visitant seulement deux fois durant les six années qu'il passa au collège des Oratoriens de Vendôme, lui, « de qui le métier [était] d'observer [3] », compensant cette absence par l'abondance de livres, forma très tôt, encore collégien, puis étudiant en droit, guidé par la conviction qu'il « ne suffit pas d'être un homme, il faut être un système [4] », le projet de construire une œuvre romanesque de dimension encyclopédique. C'est l'animalité en l'homme, idée alimentée, écrira-t-il, par ses lectures adolescentes de Buffon et de Walter Scott, qui lui montra le chemin, animalité exacerbée par les tensions d'un siècle se réinventant.

En 1819, jeune adulte indépendant ayant refusé l'injonction familiale de devenir notaire, louant péniblement une mansarde misérable mais décidé à mettre Paris à ses pieds, il se lance laborieusement dans l'écriture, publiant sans relief à partir de 1822, sous pseudonymes – lord R'Hoone, Horace de Saint-Aubain. Dès les premiers succès avec *Les Chouans* et *La Peau de chagrin* en 1829 et 1831 surtout *Eugénie Grandet* en 1833, puis *Le Père Goriot* en 1834 – moment clé de sa carrière puisqu'il marque l'apparition de personnages récurrents, premières coutures visibles de l'architecture cohérente d'un vaste plan –, Balzac avait l'intention de mettre à plat le siècle puis d'en assembler les pièces éparses : « La Société française allait être l'historien, je ne devais être que le secrétaire. En dressant l'inventaire des vices et des vertus, en rassemblant les principaux faits des passions, en peignant les

caractères, en choisissant les événements principaux de la Société, en composant des types par la réunion des traits de plusieurs caractères homogènes, peut-être pouvais-je arriver à écrire l'histoire oubliée par tant d'historiens, celle des mœurs. Avec beaucoup de patience et de courage, je réaliserais, sur la France, au XIXe siècle, ce livre que nous regrettons tous, que Rome, Athènes, Tyr, Memphis, la Perse, l'Inde, ne nous ont malheureusement pas laissé sur leurs civilisations[5] ». Et ce, décide l'écrivain, en l'étudiant sous trois biais : *Études de mœurs, Études philosophiques, Études analytiques.* Ayant bien à l'esprit que les *Études de mœurs* seront la partie « la plus vaste, la plus ardente, multiple en ses combinaisons[6] », il les déclinera en plusieurs catégories : *les Scènes de la vie privée, Scènes de la vie de province, Scènes de la vie parisienne, Scènes de la vie politique, Scènes de la vie militaire* et *Scènes de la vie de campagne*… C'est d'histoire qu'il s'agit, voire d'une démarche d'ethnologue, d'un « plan qui embrasse à la fois l'histoire et la critique de la Société[7] », sous forme de roman, et « ce n'était pas une petite tâche que de peindre les deux ou trois mille figures saillantes d'une époque, car telle est, en définitive, la somme des types que présente chaque génération et que *La Comédie humaine* comportera. Ce nombre de figures, de caractères, cette multitude d'existences exigeaient des cadres, et, qu'on me pardonne cette expression, des galeries[8] ». Aucun aspect du tableau général ne devait lui échapper, et tous allaient s'influencer, se mêler, se répondre au sein d'une œuvre protéiforme – feuilletons, essais, romans, pièces de théâtre, nouvelles – cimentée tout au long des quatre-vingt-dix ouvrages de ce qu'il entendait nommer, au départ, ses *Études sociales,* justifiée par le fait que « le génie n'est complet que quand il joint à la faculté de créer la puissance de coordonner ses créations. Il ne suffit pas d'observer et de peindre, il faut encore peindre et observer dans un but quelconque[9] ».

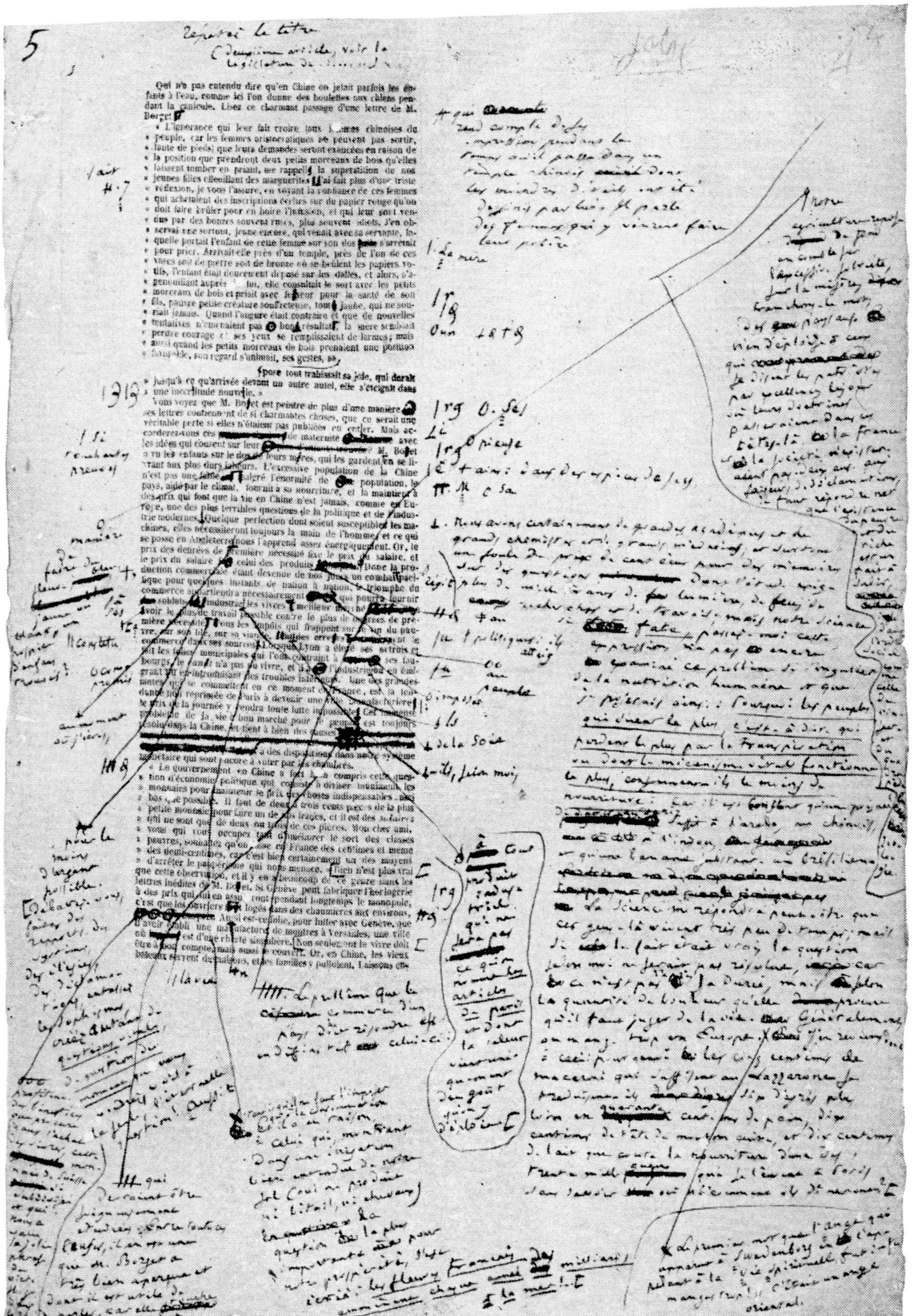

Qui n'a pas entendu dire qu'en Chine on jetait parfois les enfants à l'eau, comme ici l'on donne des boulettes aux chiens pendant la canicule. Lisez ce charmant passage d'une lettre de M. Borget :

« L'ignorance qui leur fait croire (aux femmes chinoises du peuple, car les femmes aristocratiques ne peuvent pas sortir, faute de pieds) que leurs demandes seront exaucées en raison de la position que prendront deux petits morceaux de bois qu'elles laissent tomber en priant, me rappelle la superstition de nos jeunes filles effeuillant des marguerites. J'ai fait plus d'une triste réflexion, je vous l'assure, en voyant la confiance de ces femmes qui achetaient des inscriptions écrites sur du papier rouge qu'on doit faire brûler pour en boire l'infusion, et qui leur sont vendues par des bonzes souvent rusés, plus souvent idiots. J'en observai une surtout, jeune encore, qui venait avec sa servante, laquelle portait l'enfant de cette femme sur son dos. Elle s'arrêtait pour prier. Arrivait-elle près d'un temple, près de l'un de ces vases soit de pierre soit de bronze où se brûlent les papiers votifs, l'enfant était doucement déposé sur les dalles, et alors, s'agenouillant auprès de lui, elle consultait le sort avec les petits morceaux de bois et priait avec ferveur pour la santé de son fils, pauvre petite créature souffreteuse, toute jaune, qui ne souriait jamais. Quand l'augure était contraire et que de nouvelles tentatives n'amenaient pas de bon résultat, la mère semblait perdre courage et ses yeux se remplissaient de larmes ; mais aussi quand les petits morceaux de bois prenaient une position favorable, son regard s'animait, ses gestes, sa pose tout trahissait sa joie, qui durait jusqu'à ce qu'arrivée devant un autre autel, elle s'éteignît dans une incertitude nouvelle. »

Vous voyez que M. Borget est peintre de plus d'une manière ; ses lettres contiennent de si charmantes choses, que ce serait une véritable perte si elles n'étaient pas publiées en entier. [illegible]

Page imprimée et corrections manuscrites du récit « La Chine et les Chinois » d'Honoré de Balzac, paru dans la revue *La Législature, journal des deux chambres, politique, commercial, industriel, agricole, littéraire et scientifique* en octobre 1842. Saché, château, musée Balzac.

Or loin de l'image de l'ogre dévoreur de nourriture, jouisseur des plaisirs d'une trop courte existence, dispendieux camarade de débauche, bouillonnant de projets plus coûteux les uns que les autres, frôlant le désastre financier à plusieurs reprises, cible des gazettes et lui-même inoculant l'acidité de sa plume à plusieurs de ses éditoriaux, chef d'entreprise collectionnant les échecs – combien de tentatives pour devenir éditeur, imprimeur, patron de journal, libraire seront soldées par une faillite ? –, c'est un Balzac frissonnant d'angoisse devant la vastitude de la tâche à accomplir que l'observateur avisé admire. L'ampleur du projet et le manque de ressources, d'abord, vont l'obliger à se reclure, pour écrire, jour et nuit – « je suis seul, je suis maintenant enfermé chez moi, pour longtemps, pour toute une année peut-être. J'ai déjà subi ces incarcérations volontaires, au nom de la science et de la pauvreté[10] ». Ce sera ensuite la quête de la perfection, la recherche de l'absolu qui, comme elles perdirent un Balthazar Claës traquant l'origine de la matière, le plongeront dans les souffrances de l'indécision, la peur d'une production médiocre et – plusieurs fois – l'épuisement physique proche de la folie. C'est que Balzac remet cent fois sur le métier l'ouvrage en cours et qu'il doit également reprendre l'ouvrage passé, non seulement par souci d'amélioration mais pour y apporter les corrections qui lui permettront de l'intégrer dans son grand dessein. Ainsi de *Louis Lambert*, qu'il décrit, en 1833, à son « ange de la terre », sa plus fidèle admiratrice, sa femme légitime à la fin de sa vie, la comtesse Hanska, comme « le plus triste de tous les avortons[11] ». Un travail de forçat : « Toujours contraint de s'attacher simultanément à plusieurs romans, de passer d'une œuvre à une autre pour revenir à la précédente, d'abandonner une rédaction de premier jet, au risque d'en couper l'élan, pour une correction d'épreuves ou pour la mise au point d'une réédition, il devint esclave de son travail. Mais il avait tout un édifice à construire et prétendait être jugé sur la réalisation finale[12] ».

La Maison Nucingen et *César Birotteau* en 1837, *Splendeurs et misères des courtisanes* entre 1838 et 1847, *Une ténébreuse affaire* en 1841, *Honorine* en 1843, *Modeste Mignon* en 1844, *La Cousine Bette* en 1846, *Le Cousin Pons* en 1847…, Balzac veut étreindre ce siècle, l'embrasser, le sublimer. Car ces milliers de personnages, qu'il exècre pour certains, ou envers lesquels il n'éprouve que tendresse et dévouement, sont autant de petits bouts de sa propre peau. Madame Bovary n'est pas lui, elle n'est

« CETTE MOBILITÉ VIENT D'UNE IMAGINATION QUI PEUT TOUT CONCEVOIR ET RESTER VIERGE,

COMME LA GLACE QUI N'EST SOUILLÉE PAR AUCUNE DE SES RÉFLEXIONS. »

Honoré de Balzac, lettre à Madame Hanska, fin janvier 1833.

Honoré de Balzac, 1842. Photographié par Louis-Auguste Bisson. Daguerréotype. Paris, maison de Balzac.

pas encore née sous la plume de Flaubert, lequel considérait Balzac comme l'un de ses maîtres, mais l'auteur de *La Comédie humaine* reconnaît que « les infortunes des Birotteau, le prêtre et le parfumeur, sont pour [lui] celles de l'humanité. La Fosseuse [*Le Médecin de campagne*], et Mme Graslin [*Le Curé de village*] sont presque toute la femme. Nous souffrons tous les jours ainsi [13] ». Et ces incessants allers-retours entre eux et lui, entre l'époque et ses propres colères, entre ses fortunes et infortunes, poseront autant de galets sur le chemin de sa gloire, essentiellement posthume, et de sa perte. En 1848, après des années d'excès, de travail acharné, d'affres liées à son manque chronique d'argent, Balzac reçoit comme autant de gifles ces révolutions qu'il rejetait à toute force, lui qui s'était prononcé plusieurs fois pour « la lueur de deux Vérités éternelles : la Religion, la Monarchie, deux nécessités que les événements contemporains proclament, et vers lesquelles tout écrivain de bon sens doit essayer de ramener notre pays. Sans être l'ennemi de l'Élection, principe excellent pour constituer la loi, je repousse l'Élection prise comme unique moyen social [...]. L'Élection, étendue à tout, nous donne le gouvernement par les masses, le seul qui ne soit point responsable, et où la tyrannie est sans bornes, car elle s'appelle la loi [14] ». Les troubles de 1848 et leur aboutissement démocratique ? Du désordre et un désastre : il est persuadé qu'ils ne mèneront qu'à davantage de désillusions, il voit se vider les théâtres dans lesquels étaient jouées ses pièces, perdant ainsi le revenu qu'il en escomptait, tandis que le nombre de ses amis fond comme la cire des bougies éclairant sa main. Mais le géant n'est pas encore à terre. Il continue d'écrire, tente encore de monter des pièces. La fin approche : dans moins de deux ans la maladie l'aura vidé de ses forces. Il publie encore quelques feuilletons dans la presse, voyage, passe l'année 1849 en Ukraine avec Ève Hanska, voudrait occuper le siège d'académicien de Chateaubriand mort le 6 juillet 1848 mais n'obtient pas les voix nécessaires. Et le mal est là, qui le consume. La fièvre céphalalgie intermittente, diagnostiquée en Ukraine, l'hypertrophie du cœur :

les séjours alité, durant lesquels le malade ne quitte pas la chambre, se prolongent. En 1850, le corps tombe en lambeaux. Ophtalmie, fatigue généralisée… Balzac et Ève Hanska se marient, en mars, en Ukraine. Fin avril, ils se mettent en route pour la France. Ils n'atteindront Paris qu'un mois plus tard, le 21 mai. Le 6 juillet, Victor Hugo s'entend dire par un médecin que son ami Balzac ne vivra pas six semaines de plus. Le 18 août 1850, à 23 h 30, Balzac, dans le coma, s'éteint. Il avait cinquante et un ans. Son acte de décès sera prononcé le lendemain. Ses obsèques auront lieu le 21 août, et Victor Hugo prononcera l'éloge dont Balzac aurait pu rêver: «Tous ses livres ne forment qu'un livre, livre vivant, lumineux, profond, où l'on voit aller et venir et marcher et se mouvoir, avec je ne sais quoi d'effaré et de terrible mêlé au réel, toute notre civilisation contemporaine; livre merveilleux que le poète a intitulé comédie et qu'il aurait pu intituler histoire, qui prend toutes les formes et tous les styles, qui dépasse Tacite et qui va jusqu'à Suétone, qui traverse Beaumarchais et qui va jusqu'à Rabelais; livre qui est l'observation et l'imagination; qui prodigue le vrai, l'intime, le bourgeois, le trivial, le matériel, et qui par moments, à travers toutes les réalités brusquement et largement déchirées, laisse tout à coup entrevoir le plus sombre et le plus tragique idéal [15].»

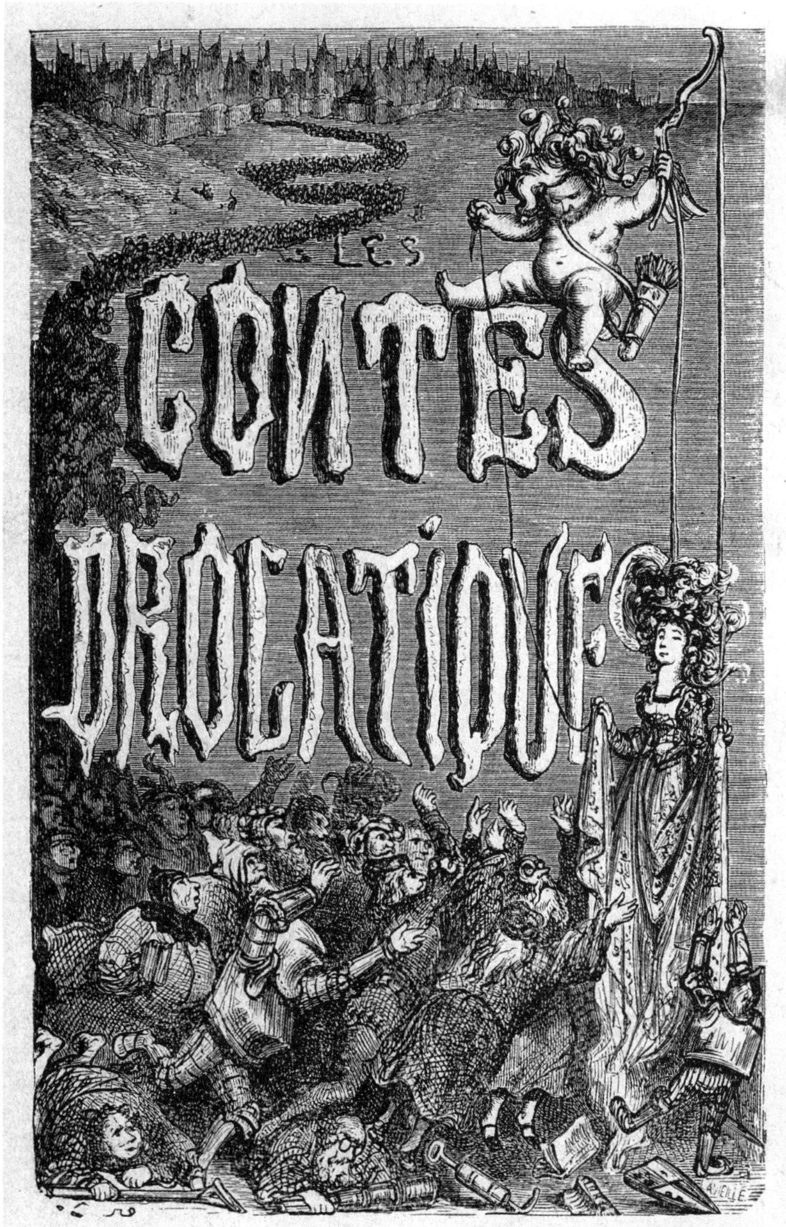

Jacques Adrien Lavieille (graveur), d'après Gustave Doré (illustrateur), «Le hochet des hommes», frontispice des *Contes drolatiques* d'Honoré de Balzac, Paris, Librairie Garnier Frères, 1831. Gravure.

Bertrand Russell

Éluder la vaine recherche de Dieu

« "Arrêtez de pleurnicher ! En avant marche !" cria le sergent. Il saignait des deux narines, ce que personne ne se risqua à lui faire remarquer. »

Brady Udall, *The Lonely Polygamist*, 2010, trad. fr. *Le Polygame solitaire*, Paris, Albin Michel, 2011.

Bertrand Russell, 1965.

Sacré déterminisme. Comme un devoir à accomplir, un legs à honorer, à la fois dû et quête. Un rang à tenir. Mais pas celui auquel le destinaient famille, nurses, précepteurs, et tous les pions d'une bonne société victorienne de la fin du XIXe siècle, ce milieu dont, enfant, il s'accommodait en noyant son spleen au fond d'un jardin extraordinaire, sur la pelouse désordonnée duquel était posée, dans le lointain, la demeure familiale dont la jouissance avait été accordée en viager à son ex-Premier ministre de grand-père, et dont la propriétaire n'était autre que la reine Victoria – « Il y avait là beaucoup de beaux arbres, des chênes, des hêtres, des marronniers, des châtaigniers et des tilleuls, ainsi qu'un admirable cèdre, des cryptoméries et autres arbres exotiques, dons de princes des Indes. Il y avait des cabinets de verdure, des haies d'églantiers, des buissons de lauriers, et toutes sortes de cachettes où l'on pouvait se dissimuler sans la moindre crainte d'être découvert par les grandes personnes [...]. Pendant la plus grande partie de mon enfance, les heures qui comptèrent le plus pour moi furent celles que je passais seul dans le jardin et je ne vivais intensément que dans la solitude[1] ». La même société qu'adolescent, frappé d'une inopportune clairvoyance – « Toujours mon esprit critique, aux moments où je souhaitais le plus qu'il se tût, a insinué en moi des doutes, m'a séparé des enthousiasmes faciles des autres et m'a transporté dans un désert morne[2] » –, il commença à mépriser furieusement, prenant pour habitude, voire pour compulsion, le mensonge, fatigué de la somme de règles idiotes qui lui valurent par exemple la négation du deuil de parents jugés scandaleux – « je me souviens d'avoir regretté que mon père et ma mère ne fussent pas en vie. Un jour, j'avais six ans, j'exprimai ce sentiment devant ma grand-mère, sur quoi elle entreprit de me persuader que c'était une grande chance pour moi qu'ils fussent morts » –, mais aussi l'interdiction de consommer des fruits – « cela en vertu de l'inébranlable conviction que les fruits ne valaient rien pour les enfants » –, la consigne à ses précepteurs, par crainte d'un « surmenage », de réduire le temps de ses leçons – « le résultat fut que je travaillais en cachette dans ma chambre à coucher à la

Portrait de Bertrand Russell enfant, posant en studio, en tenue de marin, sur le nid-de-pie d'un mât, vers 1880.

lueur d'une bougie, assis à mon pupitre dans la nuit froide en chemise de nuit » – ou encore l'idée selon laquelle l'introspection était une démarche « malsaine », voire une « aberration mentale »... Trop réfléchir, trop s'interroger sur la marche du monde, c'était prendre le risque de le vouloir changer – « dès ma quinzième année, je m'étais rendu compte que la vie en famille n'était tolérable qu'au prix d'un silence total sur tous les sujets qui m'intéressaient ». Or, de remise en cause, l'entourage de Bertie ne voulait pas. Pourtant, l'instruction était la règle. Une somme de connaissances, une affectation pour les belles lettres, desquelles on ne devait tirer aucune conclusion hardie. Ainsi de sa grand-mère paternelle : « Elle était cultivée, selon les critères de son époque. Elle parlait français, allemand et italien de façon correcte et sans le moindre soupçon d'accent. Elle connaissait à fond Shakespeare, Milton et les poètes du XVIIIe siècle. Elle savait par cœur les signes du zodiaque et les noms des neuf Muses. Elle avait une connaissance précise de l'histoire de l'Angleterre selon la tradition whig. Les classiques français, allemands et italiens lui étaient familiers. Et, sur la politique à partir de 1830, elle avait des connaissances personnelles précises. Mais tout ce qui impliquait un raisonnement avait été complètement omis dans son éducation et demeurait absent de sa vie mentale. » En février 1876, au moment où, âgé de quatre ans, Bertrand, orphelin de père et de mère, arrivait, pour y être élevé, avec son frère aîné Francis, chez leurs grands-parents paternels, aimants, dévoués, rien ne laissait présager les fracas du XXe siècle. L'ordre établi était le bon, pourquoi se procurer le désagrément d'en vouloir un autre ? Tout serait pulvérisé, en à peine soixante-dix ans, deux guerres mondiales, une dépression internationale et quelques révolutions, avant la décolonisation, effondrement définitif de l'Empire britannique.

Bertie, adulte, gardait la solitude toujours chevillée à l'être, malgré la découverte de l'amour, un premier mariage heureux puis très malheureux – « J'étais à bicyclette, un après-midi, et tandis que je pédalais sur une route de campagne, je pris subitement conscience du fait que je n'aimais plus Alys [...]. Cette situation conjugale a duré neuf ans. Pendant tout ce temps, elle a espéré me reconquérir et ne s'est jamais intéressée à aucun autre homme. Pendant tout ce temps, pour ma part, je n'ai pas eu d'autres rapports sexuels » –, malgré l'achèvement de dix années de travail exténuant, déroutant, décourageant pour écrire et publier, à perte, en 1910, l'un de ses premiers ouvrages faisant date – *Principia Mathematica* –, ce qui n'était qu'une distanciation à l'égard de son milieu avait mué et l'on pouvait désormais parler d'exécration. Pacifiste, défenseur du droit de vote des femmes, de l'union libre, opposant à la conscription et exalté par un nouvel amour – Ottoline, femme mariée –, il considère, en 1916 : « Nous détestions dans ce milieu la cruauté, l'insolence de caste et l'étroitesse d'esprit ; mais, d'autre part, nous nous sentions

un peu étrangers dans le monde où nous avions choisi de vivre, lequel, de son côté, nous considérait avec méfiance et nous comprenait mal, du fait précisément que nous lui étions étrangers. » Pourtant, à cette haute extraction abhorrée, il devait quelque chose. Car il n'était pas seulement cet enfant tourmenté par les magnificences de sa vie d'aristocrate au point que, se lançant dans la vie active, il renonça à son héritage pour ne dépendre que de la fortune qu'il aurait construite lui-même – moyennant quoi, il passa les trois quarts de son existence à se démener pour subvenir aux besoins de ses ménages successifs –, il était aussi fils d'un père dont il apprit très vite qu'il s'agissait d'un libre penseur et libre jouisseur, acquis aux idées du philosophe John Stuart Mill – notamment sur l'utilitarisme et sur le contrôle des naissances, ce qui lui coûta son siège au Parlement –, et d'une mère féministe, d'une grande indépendance. Deux parents déjà non conformes, soutenant des théories aussi saugrenues que l'abolition de l'esclavage ou la défense de la démocratie américaine et prévoyant, en cas de malheur, de confier à deux précepteurs athées – dont l'un formait un ménage à trois avec le couple Russell – la tutelle de leurs deux fils, dans le but de leur éviter l'éducation anglicane et presbytérienne. Peine perdue ? Pas tout à fait. Pour étrange et solitaire qu'elle fût, son enfance réserva à Bertrand Russell comme une forme d'équilibre entre la rigueur victorienne, bercée des récits du grand-père Russell visitant Napoléon sur l'île d'Elbe ou de ceux de tel grand-oncle parti « défendre Gibraltar pendant la guerre d'Indépendance américaine », et, à l'inverse, l'action astringente d'une grand-mère maternelle guère aimable, amère, moqueuse, liée à Tourgueniev – qu'elle méprisait –, mais intéressée par les idées des philosophes des Lumières, rationaliste, anticléricale opposée à la morale puritaine. Il fut par ailleurs le contemporain et souvent l'ami de tout ce que la Grande-Bretagne puis une partie de l'Europe comptaient de grands penseurs du XXe siècle. Parcourir son œuvre, c'est trébucher sur ses rencontres, très jeune, avec Keynes – « son intelligence était la plus claire et la plus pénétrante que j'aie jamais connue. Quand je discutais avec lui, j'avais l'impression de me jeter à l'eau et j'en émergeais rarement sans le vague sentiment d'être un imbécile » –, T.S. Eliot, D.H. Lawrence avec lequel, d'abord

Bertrand Russell, allongé, fumant la pipe lors d'une promenade dans la campagne galloise.

ami, il connut le pire différend intellectuel – « lui, avait élaboré toute la philosophie du fascisme avant que les hommes politiques ne s'en fussent avisés » –, ou encore George Bernard Shaw et surtout Joseph Conrad – « dès notre toute première rencontre, nous avons causé avec une intimité qui allait constamment croissant. Il semblait que nous nous enfoncions graduellement à travers les strates de tout ce qui constitue le monde superficiel, afin d'atteindre le feu central, auquel nous parvenions ensemble ».

Lesté de ces influences, porté par l'ébullition de l'époque, l'esprit formé au refuge des livres, rasséréné par sa passion pour la géométrie, passé par les meilleures écoles – « la seule habitude contractée à Cambridge fut celle de la probité intellectuelle » –, aristocrate obligé de travailler pour vivre, jeune homme tentant de dissiper ses perpétuelles pensées suicidaires, de soigner sa dépression chronique en s'employant à élaborer une pensée philosophique et une nouvelle science mathématique, ou au contact de ses multiples conquêtes, dans les luttes visant à désarticuler les arcanes d'une société honnie, Russell avait-il d'autre choix, d'autre destin que le sien ? En 1907, il a trente-cinq ans quand il

se présente à une élection législative partielle et défend le droit de vote des femmes, essuyant les jets d'œufs pourris, les lâchers de rats dans ses meetings et une opposition aux suffrages féminins dont il est impossible aux jeunes d'aujourd'hui d'imaginer l'âpreté.

En 1914, il a quarante-deux ans et si son amour de l'Angleterre n'est pas questionnable, il n'y a pas l'ombre d'un doute sur son opposition au conflit: « Je sus que mon devoir était de protester [...]. En tant qu'ami de la vérité, la propagande nationale de toutes les nations belligérantes m'écœurait. En tant qu'ami de la civilisation, le retour à la barbarie m'épouvantait. En tant qu'individu frustré dans ses désirs de paternité, le massacre des jeunes me déchirait le cœur.» Fer de lance de la Ligue contre la conscription, défenseur des objecteurs de conscience, il multiplie les interventions, écrit des lettres au Premier ministre, se déplace, publie des articles, se fâche avec la plupart de ses collègues professeurs et étudiants, est renvoyé du Trinity College où il enseignait, doit s'acquitter en 1916 d'une forte amende pour avoir publiquement et par écrit pris la défense d'Ernest F. Everest, objecteur de conscience convaincu de désertion et condamné à deux ans de travaux forcés parce qu'il refusait l'ordre de tuer. Lâché par beaucoup, effaré de l'appétence des intellectuels anglais pour le conflit – « j'avais cru que la plupart des gens aimaient l'argent presque par-dessus tout, je découvris qu'ils aimaient encore plus la destruction » –, Russell fera un premier séjour en prison, pour six mois: lui, le pacifiste acharné et prosélyte, qui dérangeait déjà beaucoup le pouvoir par ses prises de position publiques, s'est, d'après la justice britannique, mis hors la loi en publiant, dans un journal à faible tirage édité par la Ligue contre la conscription, un éditorial mentionnant l'arrivée imminente de soldats américains sur le sol anglais, pour « briser des grèves ». Nullement impressionné, Russell profita joyeusement de ce temps de détention pour écrire, écrire, écrire encore. Ici l'on pense à cette anecdote rapportée par Gabriel García Márquez, dans *Vivre pour la raconter*, quand, jeune écrivain, il est surpris par le journaliste Alfonso Fuenmayor en pleine tempête créatrice: « Que diable faites-vous ici à cette heure? me dit-il surpris.
– J'écris le roman le plus important de ma vie, répondis-je.
– Encore! s'écria-t-il avec son humour bourru. Eh bien! vous avez plus de vies qu'un chat.
– C'est le même, mais je l'écris d'une autre manière[3].»

Le même récit, mais d'une autre manière, le même combat, mais sous un autre aspect. Vivre pour le raconter, l'écrire pour toujours questionner. Contre l'oppression des sociétés précapitalistes, contre les religions, contre toutes les guerres, contre la prolifération nucléaire, pour l'appréhension philosophique sceptique du monde, s'interrogeant sur l'éducation des enfants, l'organisation du couple, remettant en cause la prison du mariage, militant pour que les femmes reprennent l'empire de leur propre corps, dénonçant les errements et les turpitudes des régimes communistes chinois et soviétiques...

Bertrand Russell durant la campagne de désarmement nucléaire (CND) contre le missile *Polaris*, rue Whitehall à Londres, 18 février 1961.

« JE L'AI CHERCHÉ [L'AMOUR], PARCE QU'IL NOUS DÉLIVRE DE LA SOLITUDE,

DE CETTE AFFREUSE SOLITUDE QUI AMÈNE NOTRE CONSCIENCE À SE PENCHER EN FRISSONNANT SUR L'ABÎME INSONDABLE ET GLACÉ DU NON-ÊTRE. »

Bertrand Russell, *Autobiographie (1872-1967)*, 1967-1969.

ACTION FOR
DEFENCE MINIS
18 FEB. 1961

Depuis sa propre révolution intellectuelle, à l'âge de quinze ans, quand il commença à remettre en cause l'existence de Dieu et l'immortalité de l'homme, jusqu'à la toute fin de son existence – il est mort en 1970, à l'âge de quatre-vingt-dix-huit ans –, Russell n'a cessé de réfléchir, de construire, de mettre les événements en perspective, quitte à penser contre lui-même, et de sommer ses semblables d'exercer leur libre arbitre. Y compris quand il se rend en Russie soviétique, juste après la Seconde Guerre mondiale, et qu'il cherche le sens de ce qu'il y découvre, effaré – « Tout doit être systématique : organisation et justice distributive. La même éducation pour tous, les mêmes vêtements pour tous, le même genre de maisons pour tous, les mêmes livres pour tous, le même credo pour tous [...]. Là-dessus, je me mets à considérer l'autre face des choses. Je me remémore *Crimes et Châtiments* de Dostoïevski, *Les Bas-Fonds* de Gorki, *Résurrection* de Tolstoï. Je réfléchis aux ruines et à la cruauté sur laquelle était bâtie la splendeur d'autrefois : la misère, l'ivrognerie, la prostitution, dans lesquelles s'usaient sans profit la santé et la vie [...]. Je me rappelle le knout, les pogroms, les massacres. Par haine de l'ancien temps, j'arrive à tolérer le nouveau ; mais celui-ci, je ne peux vraiment pas l'aimer pour lui-même. »

Lucidité impérieuse, encore, de l'écrivain philosophe mathématicien, quand, après des décennies de lutte, ayant fait face à plusieurs campagnes de calomnie, banni du City College de New York, traîné devant la justice américaine au motif du péril dans lequel la perspective de ses cours plongerait la jeunesse et ses écrits seraient « lascifs, libidineux, luxurieux, lubriques, aphrodisiaques, contraires à la vérité et dénués de tout ressort moral », d'après le procureur du comté, il emploiera les vingt dernières années de sa vie, après avoir reçu le prix Nobel de littérature en 1950, à l'abolition de la guerre, la création d'un tribunal pénal international – pour juger les crimes commis au Viêt Nam –, et d'une fondation pour la paix et la lutte contre le nucléaire qui lui valut un second séjour en prison, à l'âge de soixante-dix-neuf ans, après sa participation à une manifestation, en 1951, sur Trafalgar Square, à Londres. « Récemment, en Angleterre, un pair du Royaume, Sir Bertrand Russell, le philosophe probablement le plus respecté du monde occidental, fut jugé et condamné pour des activités du genre de celles qui m'amènent devant vous : parce que sa conscience a pris le pas sur le commandement de la loi, il a protesté contre la politique d'armements nucléaires adoptée par son pays. Pour lui, son devoir envers ses semblables, sa foi en la justesse de la cause qu'il défendait passaient avant cette autre vertu qu'est le respect de la loi [...] j'en suis au même point aujourd'hui, ainsi que de nombreux Africains ici[4]. » C'est Nelson Mandela qui parle, face à ses juges, à Pretoria, en 1962.

Une telle aura et pourtant le doute, toujours. Albert Einstein, avec qui Russell a publié, en 1955, un manifeste contre l'arme nucléaire et pour l'abolition de toutes les guerres, écrivait de lui, au moment de ses démêlées new-yorkaises : « C'est toujours la même chanson, dans ce monde si beau, si bon : le prêtre alarme la populace, le génie est exécuté[5]. » Bertrand Russell, lui, dans les dernières années de sa vie, déplore, désabusé : « Ce que Spinoza nomme "l'amour intellectuel de Dieu" m'a paru la meilleure des raisons possibles de vivre ; malheureusement, je n'ai pas même eu ce Dieu [...] pour concentrer sur lui mon amour intellectuel. Je n'ai aimé qu'un spectre et, à force d'aimer un spectre, le plus profond de moi est devenu lui aussi spectral. Alors, je l'ai enseveli de plus en plus profondément sous des strates d'affection, de gaieté, de joie de vivre. Cependant, mes sentiments les plus profonds sont toujours restés solitaires et n'ont pas trouvé d'écho parmi les humains. La mer, les étoiles, le vent de nuit dans les lieux déserts ont plus d'importance pour moi que les êtres que j'aime le mieux, et j'ai conscience que l'affection humaine est au fond, pour moi, une tentative pour éluder la vaine recherche de Dieu[6]. »

Bertrand Russell en compagnie d'un groupe d'enfants de la Beacon High School, New York, avril 1950.

« TOUT AU LONG DES LONGUES ANNÉES
J'AI CHERCHÉ LA PAIX,
J'AI TROUVÉ L'EXTASE ET L'ANGOISSE,
ET LA FOLIE,
ET L'ISOLEMENT.
J'AI TROUVÉ LA DOULEUR QUI RONGE
LE CŒUR SOLITAIRE,
MAIS JE N'AI PAS TROUVÉ LA PAIX.

POURTANT, VIEUX ET PRÈS DE MA FIN,
JE VOUS AI TROUVÉE
ET J'AI TROUVÉ EN VOUS
À LA FOIS L'EXTASE ET LA PAIX.
VOUS M'AVEZ DONNÉ LE REPOS.
APRÈS TANT D'ANNÉES SOLITAIRES
JE CONNAIS ENFIN LA VIE ET L'AMOUR.
MAINTENANT, S'IL ME FAUT DORMIR,
JE M'ENDORMIRAI COMBLÉ. »

Bertrand Russell, « À Edith », *Autobiographie (1872-1967)*, 1967-1970.

Patrick Chamoiseau

Je suis Spartacus

« On ne peut pas devenir fou dans une époque forcenée, bien qu'on puisse être brûlé vif par un feu dont on est l'égal. »

René Char, *Recherche de la base et du sommet*, Paris, Gallimard, 1955.

Patrick Chamoiseau, 28 mai 2012. Photographié par Philippe Matsas.

Il est ce colosse à la douce voix d'enfant, presque chevrotante. Il est ce corps, grand sur jambes frêles, souple, masse, visage plein occupant tout l'espace dans l'objectif, crâne omniprésent, rondes joues, rondes bésicles, large front, large nez, généreuse lippe – de celles dont un spectaculaire éclat hilare pourrait, *agoulou gran fal,* aspirer en une goulée et une seule le ciel et ses nuages montgolfières à la dérive, les neiges appétissantes des cimes, leurs arbres à flanc de montagne, aux branches *frozen,* raidies sous le gel, aux racines croquantes. Une goulée, une seule, et par ici les ouragans dévastateurs, déferlantes, houles furieuses des océans, embarcations, alizés, coulirous, raies mantas, crabes emmêlés, cheveux des *manmans dlos,* les dames sirènes, leurs seins, leurs bras, leurs écailles qu'aujourd'hui on avale gratis… – « Que grand [gosier] tu as ! »[1] Il est ce géant quand il écrit. Il est cette empreinte en vous laissée quand il transmet. Et pourtant, comme une retenue dans son sourire, jamais total mais toujours tendre, timide taie faisant vaciller le cliché du tout-puissant. Le regarder au fond de l'œil, c'est deviner. Toutes ces réalités tues, peau sensible, cœur retranché, garde invisible cependant bien présente, une vieille fréquentation de la solitude, une manière de tristesse poétesse, mélancolie d'à-côté. À côté du tout-venant, du monde, des gens, des emportements de l'époque, de ses errements, pas avec eux mais bien à côté d'eux, pour mieux s'approprier la vérité des moments, la sincère beauté des êtres, les espoirs du temps présent, ses projections dans demain, à côté du superfétatoire mais au plus près du vrai, des pépites d'un instant vécu, unique, des lacérations d'un cri indigné, au mitan des interrogations sur la condition d'être humain créole soumis à l'injonction d'une double émancipation, au moins : se libérer des « monstres tutélaires […] l'Européanité et l'Africanité, toutes extériorités procédant de deux logiques adverses. L'une accaparant nos esprits soumis à sa torture, l'autre habitant nos chairs peuplées de ses stigmates, chacune à sa manière inscrivant en nous ses clés, ses codes, et ses chiffres[2] ». Pas vraiment l'amertume du renoncement, pas tout à fait la fatigue du découragement devant

le spectacle itératif des « fièvres de l'acheter et du vendre », celui du « cimetière déserté de nos esprits », l'intacte révolte intérieure contre « l'inertie en moisissure, l'épaisse mangrove des drogues, le mensonge à soi-même sous les guichets d'allocations et les pouvoirs de poulaillers, la médiocrité érigée en noblesse pour média, le béni-commerce avec l'absence et l'hystérie muette des emmurés vivants[3] », mais peut-être une forme de douleur née des sédiments de déception. Il est un temps pour l'*émerveille,* et ce fut celui de la découverte de l'écrit. Il est un temps pour « le mal-être dont nul texte ne témoigne[4] », et ce fut celui de l'adolescence, s'ébrouant, inconfortable, dans un corps rendu gourd par l'incompréhension de lui-même, se heurtant aux parois d'un esprit en situation d'asphyxie car ne trouvant pièce, même rapportée, d'un langage écrit exprimant enfin l'impensé majeur. Celui de l'existence du colonisé se devinant digne de plus d'humanité. « Qu'ont, littératures, prévu pour toi ?[5] » Il est un temps pour le renversement de l'ordre établi, nourri de mots en -isme, symbolisé par quelques cailloux envoyés à la tête des gendarmesques opposants, rendu plus consistant par la construction d'une idéologie et ses intransigeances. Il est un temps pour l'éveil des consciences et ce furent les premiers écrits, *Chronique des sept misères,* ou *Solibo Magnifique,* mais aussi *Antan d'enfance,* donnant vie au peuple des *pacotilleuses* des marchés, des *jobeurs* à la petite semaine, des coupeurs de canne ivres en leur royaume de sucre et de ferment, des détenteurs du créole maternel, peu habitués à se voir l'objet de tant d'honneurs, et tellement accoutumés au mépris de mémoires javellisés par l'éclat de trop rares « réussites » sociales érigées en exemples qu'ils furent les premiers étonnés de lire, consacrées à leur petite existence, d'autres choses qu'une narration anecdotique. Il est un temps pour l'édification d'un legs : *Éloge de la créolité, Texaco, Biblique des derniers gestes* et surtout *Écrire en pays dominé* en témoignent. Puis vient le moment de s'interroger sur le sens de tels combats, au-delà de la posture esthétique, de la législation secrète du Beau, quand le « centre dominateur », la métropole et son charroi de vices de consommation de masse, de facilités corruptrices d'un État providence, hydre déjà impossible à combattre, se démultiplie à l'infini d'une mondialisation à jamais triomphante. Quand les États modèles, avant-hier porteurs d'espoir d'émancipation, hier un à un putréfiés, corrompus, hurlements cupides à la gueule, égarent aujourd'hui leurs peuples dans des labyrinthes en pente dont la seule issue débouche au royaume d'Hadès. Alors, que penser ? Par la neurasthénie se laisser envahir ?

Sous l'humus de la révolte, au chaud du feuillage tombé d'une pensée politique construite, demeure l'enfant écarquillé, souffle entrecoupé, poitrine arrachée sous l'effet du tambour de l'émoi, devant l'ampleur de trésors tacites, signalés à l'attention du *ti manmay* par l'intrigue d'une fermeture. Non une bibliothèque, mais « une sentimenthèque »[6]... Chamoiseau parlant des « grands livres endormis », de ces

Patrick Chamoiseau, dans la bibliothèque Schœlcher, Fort-de-France (Martinique), 3 avril 2007. Photographié par Sandrine Roudeix.

Patrick Chamoiseau, Martinique, 2004. Photographié par Jean-Luc de Laguarigue.

ouvrages qui « échappent aux époques, aux urgences aliénantes d'une situation, aux aveuglements d'une douleur particulière[7] », de sa rencontre, petit, avant même de savoir les déchiffrer, avec les livres. Tous les livres. D'abord ceux, héritage des obligations scolaires de ses aînés, que sa mère, Man Ninotte, remisait dans « une vénérable boîte de pommes de terre [...] [fermée] par un fil de fer. [Or] en ce temps-là, une fermeture conférait de l'importance à n'importe quel objet[8] ». Ensuite ceux destinés au pilon, que Ninotte encore, Ninotte toujours, lui rapportait par kilos. Puis tous ceux qui lui tombèrent sous la main, ou l'œil, une fois qu'il sut le sens des lettres formant mots, tricotant phrases, cousant pensée. Chamoiseau découvrant l'existence d'une bouquiniste au détour d'une ruelle de Fort-de-France, « une dame très noire, de noir vêtue, aux pommettes d'amérindienne », sombre personnage au visage à jamais cadenassé, férue de livres policiers... Chamoiseau, petit garçon silencieux « effacé dans ses draps, inanimé dans ses lectures », à part l'existence bruyante de la ville, le commerce habituel des enfants de son âge, tellement singulier dans cette famille créole modeste du milieu du XXe siècle, où « Ninotte, ma *manman,* ne lisait presque pas ; et le Papa, bien que récitant de mémoire Jean de La Fontaine, ne s'intéressait qu'à l'*Almanach Vermot*. Mes frères et sœurs n'accostaient aux livres qu'en fonction de leurs travaux scolaires, et ces livres-là étaient plus des outils de torture que des cornes de plaisir.[9] »

Chamoiseau et son « appétit agoulique », dévorant pêle-mêle Zola, Nabokov, Hugo, Soljenitsyne, Handke, Stevenson, Yeats, Glissant, Césaire, Saint-John Perse, Éluard, Montaigne, Brecht, Tocqueville, Pagnol, Rabelais, Stendhal, Lewis Carroll, Dumas, Uderzo, Hergé, le *Mahabharata* et tant d'autres... « Les livres exhaussent hors d'atteinte du sommeil. Ils secouent l'esprit. Chaque page revêt la suivante d'un charme-emmener-venir. Malgré la brûlure des yeux, l'agonie de la bougie, il fallait lire au moins cette dernière page, et puis au moins celle-là, juste celle-là pour finir... promesse des pages qui s'introduisent, aléliron des livres qui se relayent[10] ! » Soif inextinguible mais quête sans résultat : comme une Toni Morrison avant lui, ayant tout lu sans jamais se trouver, du plaisir de ces lectures il ne parvint jamais à dissocier un sentiment diffus d'anesthésie...

Où apparaissaient-ils, lui et ses semblables Nègres-Noirs, Nègres-*congos,* Nègres-d'hier-soir, Nègres-*wayayay',* Nègres-sapotille, Nègres-à-peau-échappée, Nègres-mulâtres, Nègres-*koulis, nègmawon,* Nègres-pays-Martinique non assujettis, ni objets de distraction, mais acteurs, sujets, maîtres du jeu, tels qu'il les côtoyait dans le réel du jour le jour? Nulle part. Et pourtant, ces lectures l'exaltaient. Sans pour autant l'inclure. Ce fut le temps de l'adolescence malheureuse : « L'unique hurlement est en toi. Un cri fixe qui te pourfend chaque jour : il s'oppose à ces radios, à ces télévisions, à ces emprises publicitaires, à ces prétendues informations, à ce monologue d'images occidentales fascinantes ; il refuse cette aliénation active au *Développement* dans laquelle les tiens ne sentent même plus que leur génie intime est congédié. Un cri roide de chaque jour. Un silencieux tocsin[11]... » Or, que faire, si on ne trouve pas, déjà créées, déjà tracées, la langue de son imaginaire, la route menant à soi-même, remontant à son *miquelon* – car comme les saumons de Jeanette Winterson, on sait qu'il faut toujours remonter le courant, puisque c'est celui des origines ? Que faire sinon les inventer, par soi-même, pousser la langue – en l'occurrence les langues originelles, en créolité – dans ses retranchements les plus extrêmes, la décortiquer, la peler, la défier, comme on finirait, à force d'exploration patiente, par provoquer l'explosion des saveurs poudrées d'une cosse de cacao? Comme Toni Morrison, fatiguée de ne se trouver en nulle écriture, se mit à former la sienne. D'abord pour elle-même, car des autres elle n'avait cure. Tout comme toi, te lançant en poésie... Quand tes poèmes se mirent à *faire-chien* dans la maison familiale, qu'on les retrouvait en « feuilles volantes », sur les coins de table, en rajustant les lits, chiffonnés dans un coin derrière des casseroles, marque-pages d'un gros livre endormi... « À la table de la salle à manger, donnant le dos aux fièvres de la rue, je partais en rafles de mots. Je les amarrais comme des nœuds de bambou, aussi denses, insensés. Je n'écrivais pas de phrases mais des irruptions d'ombres, des billes de feuilles grasses, zinzolages de bêtes-longues à l'en-bas des fougères, des levées d'eau, des odeurs, des lots d'odeurs. Parfois, donnant l'amorce, un mot déclenchait ce chatoiement sensible. J'avais du goût pour les claquées sonores. Chaque verbe naissait d'une foule de sensations qui m'écumaient la chair. Chaque image suintait d'une tremblée mentale. Sous la charge, demeurer vigilant, invoquer le sens mais abandonner aux forces éruptives la combinaison des matières mentales. Dans la quête des signifiances, récurer, ajuster, lustrer les mots, différer cet éclaircissement qui briserait le poème[12]... »

Il y avait pourtant eu, un peu avant cette splendide période de poésie frénétique, la rencontre avec Césaire, par la grâce d'un moment de mansuétude du grand frère Chamoiseau[13]. Séisme. Césaire, l'absolu poète, révélateur de résistance, restaurateur de dignité. Tu n'y fus pas insensible, pas au début, en tous cas. Comment? Pareille sauvagerie intraitable existait, et tu ne t'en étais pas encore repu, au secret de tes échappées en lecture ? Ça… Devant le Nègre tutélaire, « de verre, de ponces, de vols épars d'oiseaux », qui te dressa à « frapper au mufle et faire reculer les monstres[14] », tu ne fis pas longtemps l'intéressant. D'ailleurs, toi-même, tu vécus ce que tu nommes ta « poésie de combat », période « négriste, marxisante, magnifiant l'Afrique, condamnant le colonialisme, prophétisant des victoires imminentes du "Peuple" […]. Légitimer des différences, inventorier des héros noirs, se révéler de grandioses lignées, jusqu'au grand-pays-perdu ». Comme Nina Simone avant toi déclarant, après les bombes tueuses lancées contre une église de l'Alabama en 1963 : « Je compris soudain que j'étais une Noire dans un monde dirigé par les Blancs et une femme dans un monde dirigé par les hommes[15] », tes yeux se dessillaient. Sans pour autant regarder dans la bonne direction. Ou plutôt les bonnes. Était-ce ainsi, dans la droite ligne du mouvement de la négritude, que tu définirais ton identité ? Étais-tu vraiment ce fils d'Afrique, échoué par hasard quelques générations plus tard à plus de dix mille kilomètres des côtes africaines, sur un morceau de terre assez petit pour tenir dans ta main ? Césaire, dont tu reconnais qu'« à un monde totalement raciste, automutilé par ses chirurgies coloniales, [il] restitua l'Afrique mère, l'Afrique matrice, la civilisation nègre[16] », suffirait-il à ta dimension de poète espérant le surgissement de la Beauté, de ceux qui illuminent une existence, la légitiment, lui donnent une place, alors que ton objet d'étude préféré était ce sol de Martinique dépositaire de ton premier souffle de vie ? Césaire dont, en bon fils prodige, tu ne cessas d'interroger l'œuvre et l'intention, de remettre en cause les achèvements et les horizons délaissés. Tu ne lui pardonnes pas ce que tu considères comme un dévoiement de « l'élévation lucide du *Cahier [d'un retour au pays natal]* », estimant que si le poète Césaire mettait en mots la liberté, l'homme politique, maire de Fort-de-France pendant un demi-siècle, député, compagnon de Senghor et théoricien des décolonisations, « confortait notre sujétion aux avantages matériels d'une nationalité offerte ». Si petites réalisations… La négritude était revendication, retour aux sources africaines du natif noir, démonstration de sa valeur d'être humain, réappropriation de son destin, de ses prérogatives. Mais Césaire, considérais-tu, en était resté à la fulgurance du poète, abandonnant au confort lénifiant du tout-État central l'intégrité du projet politique. Tandis que toi qui avais maintenant conscience de la présence de « forces de gendarmerie blanche » et qui voyais « les ouvriers de champs de canne encore exploités par les planteurs-békés [Les] fusillades briser les marches des grévistes. Le racisme ordinaire déprécier la peau noire. L'idéalisation d'une Mère-Patrie lointaine à laquelle l'élite politicienne voulait nous assimiler[17]… », tu ne te lassais pas de dénoncer et de lutter contre l'œuvre encore d'actualité de la violence raciste de la « justice » rendue au nom du « Centre », ou des errements de la « police » supposée assermentée, de l'exploitation de l'homme noir par l'homme blanc sur cette terre des Antilles, de l'éducation à deux vitesses, des flétrissures faites aux femmes et singulièrement aux jeunes filles… Ainsi, toi, le guerrier créole, indépendantiste jusqu'à la fibre la plus intime, toi et quelques autres jeunes auteurs, plus convaincus, plus hébétés par la radicalité d'un Édouard Glissant et de sa construction du Tout-Monde, sa « poétique de la Relation » pour vous résumée dans le vocable « créolité », tu circonscrirais l'affirmation, la construction d'une identité multiple. La « créolité », ou « créolisation du monde », ton combat. Pas une simple langue, ni un vulgaire exotisme. Plutôt l'érection d'un être nouveau, divers, fleuve né de plusieurs sources, archipel en lui-même. Une « anticipation du contact des cultures, du monde futur qui s'annonce déjà. Nous sommes tout à la fois l'Europe, l'Afrique, nourris d'apports asiatiques, levantins, indiens, et nous relevons aussi des survivances de l'Amérique précolombienne[18] »… La créolité, dis-tu encore « c'est le monde diffracté, mais recomposé ». Et donc une société réinventée. Plus équitable, plus féministe, plus respectueuse de ce que la terre peut lui donner, depuis le *marengwen* vorace, depuis l'igname la plus fantasque, jusqu'au toucan mesurant son ramage à celui de l'albatros, jusqu'au plus émouvant ciel bleu-rose du jour se levant sur le lointain de la mer des Caraïbes. Une société dans laquelle tu t'avances, Spartacus, colosse à la douce voix d'enfant mais vigie encore à l'affût, bien qu'un peu lasse. Je suis cet esclave ayant conquis sa liberté. Je suis un Nègre marron. Ni européen, ni africain, mais créole caribéen d'Amérique. Je suis cet être vivant devenu être humain. Je suis cet homme, debout, enraciné *ad vitam* en terre de Martinique mais aux ramifications multiples et aux branches dardées vers le plus haut. Je suis ce conquérant, ce fier, cet assumé. Je suis le premier et tous avec vous. Je suis celui qui m'adresse aux miens et à l'universel.

« IL FAUT SE HISSER SUR LA PLUS HAUTE POINTE D'UN REFUS INEXPLICABLE, DÉRAISONNABLE, ET TENTER EN GRANDE PATIENCE D'INVENTER UN INIMAGINABLE LEVER DE SOLEIL. LE REBELLE, TROP DÉPENDANT DE CE QU'IL COMBAT, NE PEUT PAS FAIRE CELA. LE GUERRIER SEUL. »

Patrick Chamoiseau, « Chronique martiniquaise », *Libération*, 3 mars 2012.

Paysage du Nord,
Grand Rivière
(Martinique), 2000.
Photographié
par Jean-Luc
de Laguarigue.

Jacques Brel

La voix des nations, et la voix du sang

« Confie-toi à voix basse aux eaux sauvages que nous aimons »

René Char, *Recherche de la base et du sommet*, Paris, Gallimard, 1955.

Jacques Brel sur la scène du théâtre Gérard-Philipe, Saint-Denis, 3 janvier 1967.

Écouter Brel à treize ans. N'écouter que lui, ou presque. De nuit, toutes les nuits. Toute la nuit. « Un peu de sable, du soleil et des planches / Un peu de sang pour faire un peu de boue / C'est l'heure où les épiciers se prennent pour Don Juan / C'est l'heure où les Anglaises se prennent pour Montherlant[1]. » Quand les trépidations des accords de Quincy Jones et l'avant-garde géniale de Michael Jackson, la compagnie stupéfiante de Milt Jackson, son *Bags' Groove* et le Modern Jazz Quartet, le scat d'Ella Fitzgerald et le piano d'Oscar Peterson le cédaient enfin au tendre spleen de la nuit tombée. Ce moment où « Du soir montent des feux / Et des pointes de silence qui vont s'élargissant / Et la lune s'avance et la mer se déchire / Infiniment brisée[2] ». Écouter Brel et n'écouter que lui, un délicieux sentiment de culpabilité au ventre, celui de la trahison envers Brassens, connu par cœur, écouté, réécouté, sans fin depuis l'enfance. Une grisante sensation de singularité à l'esprit, car demain, à qui parler de ces vertiges nocturnes, au creux d'une révolte sans cesse hurlée contre les attentes forcément déçues, contre le monde tel qu'il opprime, contre l'usine telle qu'elle casse les êtres, « usés à quinze ans[3] », contre l'amour jamais à la hauteur, mais que l'on continue d'espérer tout en se mettant soi-même en garde – « mon cœur arrête de bringuebaler / Souviens-toi qu'elle t'a déchiré[4] » –, contre l'usure du quotidien, les petitesses humaines, les rancœurs, contre ces couples qui « ne voient plus dans leurs enfants / Que les défauts que l'autre y laisse[5] », qui oublient de « rêver » leur « impossible rêve[6] » ? Révolte, oui. Bien au-delà d'une colère intacte, plutôt le mal qu'elle instille, la souffrance de ne pouvoir *changer maille* à une distribution des cartes par essence biaisée.

Écouter Brel à seize ans et puiser à son intégrité la force de supporter le monde, naviguer avec lui sur cette cathédrale, « haute en ciel et large au ventre[7] », à laquelle on aura offert « quelques mâts / Un beaupré, de vastes cales, des haubans et hale-bas », avec Brel encore, noyée dans les pleurs pour n'avoir pas voulu choisir entre une millionième écoute de *Ne me quitte pas* et une millionième et une écoute de *La Chanson des vieux amants*, s'endormir dans

« la nuit bleu à bleu [8] » de cette ville dont il oublie le nom, où « Il est vrai que parfois / Près du soir les oiseaux / Ressemblent à des vagues. Et les vagues aux oiseaux / Et les hommes aux rires / Et les rires aux sanglots ».

Écouter Brel de nuit, en interview, à chaque hommage, chaque anniversaire, et prétendre comprendre exactement, sans avoir jamais rencontré l'homme, ce qui le poussa un jour de 1966 à débuter une tournée d'adieux à la scène, alors que depuis huit ans, seulement, les villes et les publics du monde entier se l'arrachaient… Arrêter ? En pleine gloire ? Lui l'auteur, en 1957, de *Quand on n'a que l'amour,* chanson enfin porteuse du succès quêté de soir en soir, à Bruxelles puis à Paris où il arrivait à vingt-quatre ans, en 1953, les vivres coupés par sa famille d'industriels du carton, une guitare sous le bras, les semelles ailées de la même « folie de chanter [9] » que Barbara, l'ego prêt à endurer mille rebuffades. Inimaginable, cette décision de mettre fin à la scène, pour la presse et les adulateurs d'un Brel marquant en 1959 le tempo de *La Valse à mille temps,* cultivateur la même année de « perles de pluie / Venues de pays / Où il ne pleut pas [10] », amoureux de sa Flandre natale, célébrée par lui en 1962, « Où les diables en pierre décrochent les nuages / Avec le fil des jours pour unique voyage / Et des chemins de pluie pour unique bonsoir [11] ». Comment ? Le *Grand Jacques,* entré dans l'histoire mondiale de la musique en quatre albums et qui allait encore frapper un très grand coup avec *Amsterdam,* en 1964, ce Brel qui n'avait cessé, depuis quatre ans, d'enchaîner les tournées, revenant de cinq semaines de concerts en Russie et d'un immense succès au Carnegie Hall, à New York, se retirait ? À trente-sept ans ? Coup de bluff ? Embourgeoisement ? Maladie ? Fatigue extrême ?

Brel donnait plus que *tout* sur scène, l'homme qui ne répondit jamais à aucun rappel de ses spectateurs, parce qu'un bis aurait été se répéter et que cela, il l'avait en horreur, parce qu'un tour de chant, avant lequel, de trac, il vomissait systématiquement, c'était toujours un tour chanté comme s'il s'était agi du dernier, que l'artiste en sortait quasi évanoui, vidé de toute force, le corps loque, le cœur charpie, le cerveau privé d'électricité. Ce n'est pourtant pas cet épuisement qu'il fournit comme explication aux incessantes interrogations sur son « départ ». Lui, amusé – « personne n'a voulu que j'débute, maintenant personne veut que j'm'arrête [12] ! » – estimait n'avoir plus rien à dire. Être sur scène, avait-il déjà expliqué à de nombreuses reprises, n'était pas chose naturelle mais une épreuve à laquelle il se confrontait avec la sincérité la plus extrême, « tout nu dans [sa] serviette, qui [lui] servait de pagne [13] ». Pas question donc, pour lui, de redites, ni de faux-semblants. Du jour où il se sentit moins sincère dans l'expression de

Pochette
du 45 tours
Ne me quitte pas,
de Jacques Brel,
1959.

ses tempêtes, il décida de cesser. Il lui restait tant de vies à vivre ! Celles d'acteur de théâtre et de cinéma, de metteur en scène de comédie musicale, celle de pilote d'avion et skipper de voilier, celle aussi de compositeur de chansons. Chanter encore, oui, mais de loin. Et si, comme le lui expliquait la presse, le public ne le comprenait pas, lui qui voulait « [s']offrir le temps de [se] taire [14] », eh bien ! répondait Brel, « Je ne suis pas à vendre » ! La vie est courte, la sienne le fut, fauchée par un cancer du poumon dans sa quarante-neuvième année. La vie, il ne faut pas seulement bien la vivre, mais la vivre bien.

Le temps de se taire, celui de ne plus entendre les polémiques idiotes, l'inanité de questions identiques d'année en année et d'interview en interview. Mille fois Brel s'entendit reprocher de ne pas aimer les femmes, alors pourquoi s'attendre à ce que ce maladivement timide, dissimulant sous ses excès son émoi permanent, se prive de donner raison, par des déclarations chaque fois plus fracassantes, à des interlocuteurs de toute façon impossibles à détromper ? Mille fois il parla de sa souffrance, réelle, physique, devant l'injustice du monde, douleur jetée dans les textes et les cris de ses chansons, or mille fois il s'entendit interroger sur sa soi-disant « colère », sur ce que l'époque considérait comme « vulgaire ». Mille fois l'accusation de dénigrement des siens, des Flamands, des Belges, des bourgeois, des vieux, des curés, quand il ne cessa de clamer sa tendresse pour eux, et alors que, lorsqu'il s'en moquait, c'était pour mieux se caricaturer lui-même. Il suffisait d'écouter ses chansons. Lui, misogyne, qui si souvent pleura sur la misérable condition de l'amoureux éconduit, exprimant son désarroi face à « chaque femme à l'heure de succomber / Entre [ses] bras trop maigres [semblant lui] murmurer / "Au suivant, au suivant" [15] » ? Lui encore, reconnaissant dans *Grand Jacques,* en 1955, qu'il est « trop facile quand un amour se meurt, qu'il craque en deux parce qu'on l'a trop plié, d'aller pleurer comme les hommes pleurent, comme si l'amour durait l'éternité ». Lui toujours, donnant en 1968 la parole à *Aldonza,* enfant abandonnée, femme de tout le monde, qui « comme une bête / [fait] ça comme on se mouche / [vit] sans savoir ni pour qui ni pour quoi / [qui] Pour un sou [se] lève, pour deux sous [se] couche / Pour trois sous [fait] n'importe quoi ! » Lui, vulgaire, pour avoir parlé de marins « qui pissent » sur les femmes infidèles ? Mais la vulgarité, répondait Brel, ce n'est pas dire les choses telles qu'elles sont, la vulgarité *ce sont* ces choses… « Ce qui est vulgaire, c'est quand deux jeunes gens s'aiment et que le père de la jeune fille va voir le père du jeune homme et lui demande "combien votre fils gagne par mois" ? Je trouve ça d'une vulgarité abominable [16] ». Ce qui est obscène, ce n'est pas de dénoncer la guerre, c'est la guerre elle-même, c'est « le concert des sanglots et des pleurs / Et des cris de colère, des hommes qui ont peur [17] », c'est quand « dix à défendre / Les vivants par des

Jacques Brel,
18 avril 1961.

morts / Mais cloués par leurs cendres / Au poteau du remords / On se retrouve seul [18] ». Et puis, il y a la bêtise, « sorcière du monde », que Brel considère comme une « graisse autour du cœur [...] et du cerveau », comme la paresse d'un « type qui vit et qui se dit "ça me suffit" [19] ». Alors que lui, Brel, jamais ne s'est satisfait de ce que lui disait le jour.

Brel, haïssant l'usurpation, dont le regard critique sur le milieu bourgeois tranquille dans lequel il grandissait à Bruxelles s'aiguisa dès l'enfance, quand « à moitié nu / Mais tout à fait modeste / [il] devenait indien / Pourtant déjà certain / Que [ses] oncles repus / [lui] avaient volé le far west [20] », et il « s'étonnait d'être de ce troupeau » alors que la Seconde Guerre mondiale dévastait l'Europe. Brel, cancre créatif, ne supportant que très peu de temps un emploi de complaisance dans l'entreprise paternelle, pressé qu'il était de sortir quelques chansons de sa guitare. Il n'aime pas l'injustice, elle lui donne la nausée, alors il la chante, il abhorre la facilité avec laquelle les grandes familles vont s'absoudre de leurs péchés le dimanche à la messe, alors il s'en gausse, il ne sait comment se débrouiller des filles et de leur cyclothymie, alors il l'écrit, le crie, l'exècre, lui qui n'était ni beau ni con, lui qui portait l'amour au pinacle, à la perfection inaccessible, cœur d'artichaut échaudé mais toujours irrigué d'un espoir, caché bien au chaud sous des montagnes de mauvaise foi – « les femmes sont toujours en dessous de l'amour, de l'amour dont on rêve [21] ». Et vous, Grand Jacques ? « Je ne sais pas bien comment [leur] parler... Je n'ai jamais très bien compris... J'ai parfaitement conscience d'être passé à côté de quelque chose. J'en suis pas fier du tout, mais je suis passé à côté de quelque chose toute ma vie, ou par paresse ou par pudeur [...] je crois que j'aime trop l'amour pour aimer les femmes [22] ». Alors ? Alors les aimer en chanson, « Sans nulle autre richesse / Que d'y croire toujours [23] », mais aussi les étriller, comme dans *Les Remparts de Varsovie*, d'une férocité hilarante quand « Madame promène à l'aube les preuves de ses insomnies / Madame promène à ch'val ses états d'âme et ses lubies / Madame promène un con qu'assure que Madame est jolie [24] ».

Lui, ce qu'il veut, c'est être libre. Marié, en Belgique, à l'âge de vingt et un ans et père avant celui de trente ans de trois filles, collectionneur de conquêtes ayant toujours refusé de divorcer, parce que, selon lui, l'homme est *feu*, follet, et la femme est *terre*, racine, que « l'homme est un nomade, fait pour se promener, aller voir de l'autre côté de la colline tandis que la femme l'arrête [25] », car « la femme a envie qu'on lui ponde un œuf », Casanova de pacotille si l'on en croit ses chansons, trouva-t-il enfin, pendant les quatre dernières années de sa vie, la femme qui réconcilierait son idée de l'amour et la réalité de son attachement ? Avec Maddly, rencontrée en 1971, il partait, en juillet 1974, pour un tour du monde qui devait durer trois ans. Las, le mauvais crabe était là, qui veillait, dans un temps où il gagnait souvent, face aux médecins. Des décennies de consommation de quatre à cinq paquets de

Jacques Brel,
théâtre de l'ORTF,
Paris.
10 novembre 1966.
Photographié
par Jacques Haillot.

cigarettes par jour, aggravées par l'alcool, massif, et quinze années à tarir ses forces au service de la chanson expliquent-elles le surgissement de ce cancer ? Le tour du monde se transforma au bout de quelques mois en exil sur les îles Marquises, dernière escale d'où l'artiste composa l'un de ses plus beaux albums, l'ultime, intitulé *BREL*. « Il n'avait jamais été si heureux que quand il habitait les îles, avec sa femme et son orgue électrique, il faisait son marché à Papeete en avion », dira de lui, le soir de l'annonce de sa mort, le 9 octobre 1978, un Georges Brassens suffoqué par le chagrin, avant d'ajouter : « pour le moment, dans la chanson, je crois que Jacques Brel est l'être le plus important qui soit. Et puis l'homme était un être troublant et attachant et en même temps difficile à comprendre parce qu'il était multiple. Tout le monde est multiple, bien sûr, mais lui, ça se voyait plus que chez les autres[26] ». Écouter Brel toute sa vie, et se savoir chaque fois, immédiatement, chez soi.

Jacques Brel
et Barbara,
dans *Franz*, film
de Jacques Brel,
1971.

Page de droite :
Jacques Brel,
25 novembre 1968.
Photographié par
Manuel Bidermanas.

« C'EST MOI QUI AI PROVOQUÉ CETTE FOLIE. [...] ALORS JE RESTE UN PEU SEUL AVEC MA FOLIE. »

Jacques Brel, conversation avec Georges Brassens et Léo Ferré,
initiée et enregistrée par François-René Cristiani pour RTL, Paris, 6 janvier 1969.

Georges Brassens

Instrument à cordes

**« À leurs cris je me dresse
en piétinant
d'orgueil. Que fais-je là ?
Je prends
racine, je m'enfeuille et
j'entends rire
Pan au cœur de ma feuillée...
Je suis
un arbre à poèmes :
un poémier. »**

Paul Fort, « L'Arbre à Poèmes », *Ballades françaises*, Paris, Flammarion, 1922.

Georges Brassens, sur la scène du Théâtre national populaire (TNP), septembre 1966. Photographié par Botti.

Il est rare que Brassens se laisse ainsi approcher par un inconnu. Quelqu'un qui ne serait pas de la bande des copains d'abord. Une toute petite poignée de centimètres le séparent de son interlocuteur, auquel il fait face. Le regard est moins fuyant que d'habitude. Au contraire, il ne rebondit pas, emporté par la panique et l'émoi paralysant, de la pointe de ses chaussures au refuge de l'horizon, par-delà l'épaule de celui qui lui parle, avec pour seule ambition la dissolution dans le lointain. Après quelques hésitations et un moment d'introspection, le voilà, ce regard, qui se fixe, planté dans celui de Claude Santelli[1], son questionneur, lui-même troublé par la soudaine solennité du bonhomme. La voix est plus grave encore que d'habitude, plus sombre aussi. Elle n'est pas cette petite rivière au chant étranglé, pudique et choisissant le détour de méandres pour mieux se protéger, lui qui, levé à 5 heures tous les matins, couché avec le soleil tous les soirs, retiré en des havres connus des seuls initiés de son tout premier cercle, vivait « à l'écart de la place publique[2] », de la curiosité sotte de certains de ses intervieweurs, de l'encombrement de leur fatras technique, du gros œil obscène des caméras, de questions rarement inspirées mais souvent tout à côté du réel. Non, ce jour-là, sa voix est flot ancestral. Ni furie, ni à-coups, plutôt un grondement permanent, que n'éclaire aucune étincelle optimiste. Pas un ruisseau déroulant dans la prairie ses rubans colorés d'éclats de pierres moussues, mais un courant de fond au travail sûr, ravinant les terres en leur secret, sous le couvert d'un feuillage à l'inextricabilité décourageante. Le corps aussi est différemment installé. Brassens n'est pas, comme souvent en interview, debout et de trois quarts, à tout moment sur le point de tourner les talons pour prendre ses jambes à son cou, il ne se balance pas d'un pied sur l'autre, un voile de gêne au fond de l'œil saturant l'air de sa timidité, de sa lassitude ou de son envie d'être ailleurs, donnant, ostensible, le dos aux objectifs, plus occupé à jouer avec son chien courant sur une plage humide, à le traiter tendrement d'imbécile, à converser avec son perroquet du Gabon, à caresser le ventre d'un chat n'ayant pas de siamois que le nom, qu'à regarder les téléspectateurs dans les yeux. Non, cette fois Brassens ne fuit pas. Il est même – effet de perspective ? – tellement

Georges Brassens,
1939.

proche de celui qui l'interroge qu'il semble se parler à lui-même en se regardant dans un miroir. Le teint est hâve, la peau moite, l'épuisement là. La maladie aussi. Est-ce sa fréquentation déjà ancienne – on est en 1969, et Brassens souffre depuis presque vingt-cinq ans de coliques néphrétiques le crucifiant dans un lit de douleur, parfois pendant des semaines d'affilée – ou la progression de cette ennemie intérieure, dont il sent déjà qu'elle l'emporte et que bientôt, devenue crabe, elle le détruira au moyen d'un petit feu sûr, pas follet, roulement régulier déployant ses tentacules sans se laisser impressionner ni par les assauts prophylactiques ni par l'extraction, d'opération en opération, de ses nodules ramifiés ? N'est-il âgé que de quarante-huit ans, le Brassens de cette interview ? Il semble une décennie de plus. Au moins. La mort rampe, à peine tapie, à peine discrète. Elle le happera douze ans après, seulement, le 29 octobre 1981. Il avait soixante ans et une semaine. Est-ce la prescience de ce peu de temps restant ? Ou la souffrance physique dont on devine les orages glissant en ombres sur son front, grisailles lui creusant le visage par intermittence, poudre poivre et sel le laissant « à vue de nez, / Blanchi sous le harnais[3] » ? Sous l'assaut du mal, trahi par ce corps corrodé, Brassens n'est pourtant pas, cette fois, cet être fragile envahi de timidité, réfugiant derrière sa moustache un flot de mots s'emmêlant, craintifs, pour mieux dissimuler ses pensées, le vrai de ses sentiments, le mettre en retrait des autres, ceux dont il redoute le jugement même quand il s'agit d'une foule chavirant à ses pieds, au noir d'une fosse de salle de spectacle, à l'indéfini d'une assistance de cabaret, alors qu'il a pris soin de réclamer, comme à son habitude, pour moins le voir encore, son public, un maximum de lumière l'aveuglant.

Douze années de travail ingrat entre 1940, quand il arrive à Paris, et 1952, ses premiers succès, à l'ombre de l'Occupation et de ses pénuries, tourneur chez Renault à Boulogne-Billancourt, réquisitionné par le Service du travail obligatoire, parti en 1943 à Basdorf, en Allemagne, déserteur en 1944, quand, rentré à Paris à la faveur d'une permission, il n'en repartira pas, trouvant refuge dans l'impasse Florimont, chez Jeanne Le Bonniec et Marcel Planche, logé dans un taudis, mais logé, tenu à l'écart de « La musique qui marche au pas / [et] ne [le] regarde pas[4] », concentré sur sa musique à lui, les paroles de ses chansons, ses révoltes et sa colère. Il lui aura fallu douze années de scènes désertes, de doutes et de misère, d'un trac dévastateur alimenté encore par l'échec, de chansons interdites sur les ondes des radios d'État, pour subversion et irrévérence envers le drapeau, douze années « d'expédients » aime-t-il à répéter, avant que Paris ne s'aperçoive de sa présence, que Jacques Grello ne lui offre une guitare, que Patachou n'en fasse – avant Mouloudji, avant Brel – son protégé, en place du Tertre, qu'elle ne le pousse sur scène, ne l'oblige à chanter ses chansons au lieu de se contenter d'en écrire pour d'autres, que Jacques Canetti ne fasse de lui une star sur galettes en vinyle essentiellement pour la maison Polydor – mars 1952 : enregistrement du *Gorille* et du *Mauvais Sujet repenti*, 1953 : premier Bobino –, que l'écrivain René Fallet, l'auteur de *Paris au mois d'août* et du *Triporteur*, devenu ensuite l'un de ses plus fidèles amis, ne s'exclame dans les colonnes du *Canard enchaîné* du 29 avril 1953 : « Cet arbre présentement planté sur la scène des Trois Baudets est timide, suant, farouche, et gratte une guitare comme on secoue les grilles d'une prison [...] La voix de ce gars est une chose rare et qui perce les coassements de toutes ces grenouilles du disque et d'ailleurs. Une voix en forme de drapeau noir, de robe qui sèche au soleil, de coup de poing sur le képi, une voix qui va aux fraises, à la bagarre et... à la chasse aux papillons. »

Or, ce 1er janvier de 1969, à quelques mois de remonter sur la scène de « son » Bobino, de retour après deux années d'absence, Brassens l'émotif, instrument à cordes sensibles tenant plus du violon que de sa fidèle guitare, répète qu'il n'est « ni un philosophe, ni un sociologue, mais un faiseur de chansons ». Il explique, avec un ton d'évidence, qu'il n'a jamais pleuré en perdant une pipe, ou une guitare – même si le vol de sa première guitare, offerte par Grello, lui avait fait bien de la peine –, que ce sont les êtres qui le touchent et pas les objets. « Je perds des hommes, des chats, des chiens... », il s'interrompt, rendu muet par une brusque émotion intime et reprend, sourd, « je perds des femmes... avec chagrin... Mais il n'y a aucune chose à laquelle je sois profondément attaché... J'attache plus d'importance à un chat qu'à une maison, donc la perte d'un chat est plus cruelle que la perte d'une maison ». Brassens, la voix plus caverneuse que jamais, les yeux enfoncés, comme brillants de fièvre, si près de Claude Santelli que quand vient le silence, on pourrait presque entendre battre leurs deux cœurs. Santelli tourne autour de la mort, de la mélancolie, de la tristesse. Brassens s'en amuse – « vous voulez vraiment m'y laisser, au cimetière ! » – et répète... Non, ses chansons ne sont pas tristes, elles sont plutôt gaies, au sens où, pour paraphraser La Fontaine, « la gaieté, ce n'est pas ce qui fait rire, c'est une manière agréable de dire les choses ». Non, ses chansons ne sont pas non plus autobiographiques, martèle-t-il, lui qui n'aime rien moins que publier ses émois, bien que « je dissimule mes sentiments sous des blagues et sous des pierres tombales ». Et le passé, le relance Santelli...

« Vous pensez au passé ?

– Moins maintenant... J'y ai beaucoup pensé, j'y pense un peu moins...

– Et demain ?

– Demain, je n'y pense pas trop. En réalité, j'ai l'impression de vivre depuis quelque temps dans l'instant présent. »

L'air entre les deux hommes vibre d'évidences pour l'un, en lutte depuis presque un quart de siècle contre une gangrène, de non-dits pour l'autre, trop impressionné pour oser pousser le questionnement. Mais tout le monde comprend. À ce Brassens à qui l'on reprocha de ne pas assez s'engager, de ne pas mourir pour des idées, cette « idée [...] excellente [dont il a] failli mourir de ne l'avoir pas eue[5] », à Brassens l'anarchiste de toujours, anticlérical, antimilitariste, antiguerre, antipeine de mort, qui n'avait « besoin de personne pour en être un[6] », celui qui méprisait le confort, l'argent, la sécurité et les honneurs, le secrétaire de rédaction du journal anar *Le Libertaire,* entre septembre 1946 et juin 1947, à qui l'on dut des éditoriaux au vitriol contre le « système », à lui qui, authentique altruiste parmi les altruistes, n'avait « jamais ôté [son] chapeau devant personne[7] », avait rompu aussi avec ses amis anarchistes, beaucoup trop dogmatiques selon lui – « Ils ont de l'art et de la pensée une conception abécédaire et bourgeoise au sens où l'entendait Flaubert : "j'appelle bourgeois quiconque pense bassement"[8] » –, lui qui clamait « priorité à la Liberté[9] », qui chantait, à peine le sang des morts de la guerre sec, « le jour du Quatorze Juillet / Je reste dans mon lit douillet[10] », à Brassens encore, qui se vit opposé à ses amis Léo Ferré ou Jean Ferrat pour son manque d'implication supposé alors qu'il suffisait d'écouter ses chansons – certes, il préférait y instiller la subtilité, l'humour, le contre-pied, plutôt que la dénonciation trop visible, persuadé qu'il était qu'« on peut être efficace en étant indirect[11] » –, à Brassens toujours, qui tenta, à maintes reprises, comme lors de cette discussion, filmée, avec Jean Ferrat et Jean-Pierre Chabrol – « je ne me crois pas le droit de dire aux gens ceci est bien, ceci est mal. Parce que je ne le sais pas tellement moi-même[12] » –, d'expliquer pourquoi, quand d'autres s'attachaient à dénoncer la prédation de loup de l'homme par l'homme, lui s'intéressait à la

Georges Brassens, chez lui, avec son chat siamois et sa guitare, 1976. Photographié par Louis Monier.

démonstration de l'étouffement que produit une société corsetée par ses conventions, sa tradition bourgeoise, son souci du qu'en-dira-t-on, à cet homme dont toute l'énergie fut donc dédiée aux autres, les copains, les chats, les exclus, les humiliées que « ces vaches de bourgeois / [...] appellent des filles de joie [13] », ceux qui « Avec à la lèvre un doux chant / Avec à l'âme un grand courage / [gagnent] le pain de [leur] vie / De l'aurore jusqu'au couchant [14] », quand le journaliste Claude Santelli demande : « l'avenir du monde, il vous touche, vous trouble, vous inquiète ? » c'est de la souffrance qui se niche dans la tessiture de Brassens, enrouant sa voix, comme dans un sanglot, alors qu'il ferme des yeux las et s'avoue désarmé devant l'ampleur de la tâche à accomplir...

Ce qui le préoccupe le plus ? « Le plus grave, c'est que l'homme perde sa liberté, sa petite liberté individuelle... sa liberté de penser [...] Aujourd'hui, il semble que cette pensée soit complètement réduite à néant. Il semble qu'on n'achète pas un paquet de cigarettes, qu'on n'achète pas une pipe ou une corde de guitare [...] sans avoir été... conditionné [...] Je crois que c'est ça le plus grave. C'est que l'homme est en train de disparaître en tant qu'individu [15]. » Or, ce qui importe à Brassens, justement, ce sont les différences

Affiche du film
Porte des Lilas,
de René Clair, 1957.

entre les hommes et ce qu'elles peuvent leur apprendre les uns des autres. Que dirait ce « poète mineur mais poète quand même[16] » du XXIe siècle mondialisé, lui qui se plaignait que rien qu'à Paris, tout le monde, et singulièrement toutes les femmes, désormais se ressemblaient ? Ici l'on pense à Brel, emporté par le cancer avant Brassens, et se plaignant, en 1964, de ce que « l'homme ne peut plus être un homme, [...] il est complètement ligoté de tous les côtés. [...] Tout le monde doit être bien élevé, bien polissé... [...] Ah ! il y a des gars qui ruent dans les brancards, et ils ont bien raison[17] ». Qu'écriraient-ils, ces deux frères en révolte, d'une époque – pourtant héritière de la révolution de mai 1968 – érigeant l'égocentrisme en dogme, au nombril si proéminent que tout désormais tourne autour de lui, quand, plusieurs décennies plus tard, les poèmes et les chansons de ces deux génies font toujours autant mouche qu'au premier jour, eux qui détestaient s'écouter chanter, se regarder écrire – « je ne suis pas un gros gros admirateur du Brassens chanteur. Ça ne m'emballe pas[18] » ? Lui, Brel, le soi-disant misogyne, lui, Brassens, le soi-disant bourru, prétendu ours mal léché, insulteur et bagarreur qui n'a jamais insulté que lui-même et les « culs-terreux[19] », les « croquantes et les croquants[20] », les « cognes [et] les pandores [qu'il] adore / sous la forme de macchabées[21] », les étriqués. Lui qui s'étonnait, sans trouver d'explication, de n'avoir jamais été considéré comme démodé alors qu'il menait « son chemin de petit bonhomme[22] », jamais vraiment inquiet de ce que le public accueille ou pas les chansons sorties de sa guitare, car le plus important était ce que lui y trouvait à partager avec ses proches, humains et animaux, Lino Ventura, René Fillet, Raymond Devos, Jacques Canetti, Pierre Nicolas ses chats bien sûr, mais aussi des chiens, des oiseaux, des paysages et embruns, des poètes et philosophes... François Villon, Paul Valéry, Paul Fort, Victor Hugo, Aragon... et par-dessus tout, Püppchen, la « poupée[23] » devant laquelle il s'est « fait tout p'tit », sa déesse, la femme de sa vie, de neuf ans son aînée, à qui il fut fidèle, à sa façon, depuis leur rencontre en 1947 jusqu'à sa mort, sans pourtant qu'ils vécussent jamais ensemble, celle dont il eut « l'honneur de / ne pas [lui] demander [la] main[24] », car il s'agissait de ne pas mettre « sous la gorge à Cupidon / Sa propre flèche ». Réussirait-il, l'homme à la lueur permanente d'intrinsèque, de viscérale gentillesse dans le regard, l'homme au sourire doux et à l'éclat de rire aux allures de rochers contre lesquels se fracasse l'eau d'une grande cascade, à faire encore semblant ? Faire semblant d'être gai, faire semblant de croire que l'humain puisse s'amender, alors qu'au fond, il ne croyait ni en Dieu, ni en maître, ni en main invisible de la société propre à améliorer quiconque à son insu... et n'être pourtant pas totalement dénué d'une once d'espoir, puisque demain « c'est comme quand l'amour s'en va, on fait semblant d'y croire et ça l'fait durer encore un petit peu[25] ».

Georges Brassens,
impasse Florimont,
Paris, 1956.

« VOILÀ UN MEC
QUI SE PRÉTEND MUSICIEN…
ON JOUE UN DEMI-TON
EN DESSOUS
ET ÇA L'CONTRARIE ! […]
MOI QUI N'SAIS PAS JOUER,
QUI SUIS PAS MUSICIEN,
QUI N'SAIS PAS CE QU'EST UNE NOTE
ET QUI NE VEUX SURTOUT PAS LE SAVOIR
PARCE QUE JE M'EN FOUS,
J'AI CHANGÉ D'TONALITÉ…
VAS-Y ! »

Georges Brassens, répétition en compagnie de ses musiciens,
lors de l'enregistrement de la chanson *Les Copains d'abord*, au studio DMS, novembre 1964.

René Char

Esprit sauvage cheval de la tornade[1]

« Char est seul, sans être à l'écart. Rien ne lui ressemble. Et il ressemble à son temps, qu'il ne cesse d'affronter. »

Albert Camus, billet manuscrit, 1960.

Puisqu'il est impossible d'embrasser en un coup d'œil l'envergure d'un pas de géant, puisqu'il est inconcevable de percevoir en un texte, un livre, une œuvre, le poudroiement de ses rêveries d'« enfant sans ami[2] » des Névons, quand « les mêmes coups qui l'envoyaient au sol le lançaient en même temps loin devant sa vie[3] ». Puisqu'on ne saura jamais tout des circonvolutions de ses abandons, niché dans les Alpilles, dans les tendres plis des mousses et des prairies, au secret délicat des dentelles de Montmirail où « Il semble que ce soit le ciel qui ait le dernier mot[4] », à l'aplomb du Ventoux, quand, « sur les hauteurs de l'été [le] poète se révolte / Et du brasier de la récolte / Tire sa torche et sa folie[5] ». Puisque à la rugosité, parfois, de son verbe, on pourrait se méprendre sur la nature de son besoin de retrait, en simple « journalier », hors le monde, sans le quitter tout à fait, mais parce qu'« au-delà de sa crainte et de son souci, cet être aspire, pour son âme, à d'indécentes vacances[6] », au moins peut-on retenir de Char la puissance et le contenu annonciateur de ses « Billets à Francis Curel », denses comme un uppercut en plein plexus solaire, de ces impacts d'où irradient puissance de feu et lumière, mais aussi quête éternelle de beauté – c'était « un amoureux de la Beauté, que [...] il considérait parfois comme une véritable déesse, qu'il tutoyait ou voussoyait selon les occasions, mais dont il n'avait jamais entrevu que le profil ou l'éclat trop furtif des yeux[7] ». Quelques feuillets, écrits entre 1941 et 1948, publiés dans le recueil *Recherche de la base et du sommet*, complément du plus connu *Fureur et mystère* au sein duquel les *Feuillets d'Hypnos* (1946) trouvent leur place. S'il était une façon de découvrir Char, un moyen de saisir une part au moins de ses urtications, de sa méfiance envers les « fourmis satisfaites[8] », des braises rougeoyant en son sein, ou encore de son accueil toujours chaleureux du « prodige qu'est la vie humaine dans sa relativité[9] » – car au cœur des pires

René Char,
1er janvier 1974.
Photographié par
Lufti Ozkok.

tourments, « nous savions, confie-t-il, que tant qu'il y aurait une tige d'herbe et une bouchée de nuit dans le vivier, la truite n'y mourrait pas[10] » –, alors ce serait dans la lecture et la relecture de ces billets.

À Francis Curel, ce seul ami du temps de la jeunesse dans les rainures de L'Isle-sur-la-Sorgue, au sortir d'une adolescence en haillons et fort peu méritoire, à ce frère qui avait l'imagination nocturne, et qui, comme lui, entrera en résistance mais sera fait prisonnier, il écrit – lui qui avait tant honni ses dirigeants au sein de l'armée française régulière et dénoncé leur duplicité, au point de se voir démobilisé en 1940 – son écœurement face au règne du ravage et du sang, quand l'État France n'est plus, réduit en miettes par l'ennemi, « tandis que dans le plus grand quartier de l'Europe (l'Allemagne), on s'occupait à dresser, on installait dans sa fonction un formidable abattoir humain, tel que l'imagination biblique se serait montrée incapable de le concevoir, pour y loger ses impérissables démons et ses lamentables victimes[11] ». Évidemment toujours poète, mais considérant que l'asphyxie de l'élan démocratique en l'homme, de l'humain en l'époque, exclut toute expression poétique publique, Char avertit Francis Curel, en 1941 : « Prends garde à ceux qui s'affirment rassurés parce qu'ils pactisent. Ce n'est pas toujours facile d'être intelligent et muet, contenu et révolté [...] Regarde, [...] tourner les dernières roues sur la Sorgue. Mesure la longueur chantante de leur mousse. Calcule la résistance délabrée de leurs planches. Confie-toi à voix basse aux eaux sauvages que nous aimons. Ainsi tu seras préparé à la brutalité, notre brutalité qui va commencer à s'afficher hardiment. Est-ce la porte de notre fin obscure, demandais-tu ? Non. Nous sommes dans l'inconcevable, mais avec des repères éblouissants. »

Plus tard, en 1943, Char, capitaine Alexandre de son nom de résistant, part entière du combat, du danger, de la fréquentation de la mort donnée et de la mort risquée, contempteur de ces gradés poltrons qui laissèrent écraser le visage de la France sous la botte nazie, et de ces dirigeants de la Résistance exposant parfois leurs hommes à des schémas douteux et meurtriers – « Les stratèges sont la plaie de ce monde et sa mauvaise haleine. Ils ont besoin, pour prévoir, agir et corriger, d'un arsenal qui, aligné, fasse plusieurs fois le tour de la terre. Le procès du passé et les pleins pouvoirs pour l'avenir sont leur unique préoccupation[12] » –, Char tremble, et qui sait si les sanglots contenus ne finissent pas par révolter toute sa carcasse, quand il se mire dans le reflet de ses faits d'armes et de leur dévastation, au nom de la nécessité ? « Je veux n'oublier jamais que l'on m'a contraint à devenir – pour combien de temps ? – un monstre de justice et d'intolérance, un simplificateur claquemuré, un personnage arctique qui se désintéresse du sort de quiconque ne se ligue pas avec lui pour abattre les chiens de l'enfer[13]. »

« LA MORT N'AVAIT PAS GRANDI MALGRÉ DES LAINES RUISSELANTES, ET LE BONHEUR PAS COMMENCÉ À L'ÉCOUTE DE NOS PRÉSENCES ; L'HERBE ÉTAIT NUE ET PIÉTINÉE. »

René Char, « Pleinement », *Les Matinaux*, 1950.

L'ennemi recule, l'espoir renaît, le peuple aura peut-être moins faim demain, l'air qui s'écoulera dans ses poumons lui restituera sans doute la force de se proclamer libre, mais le doute jamais ne quitte l'esprit du poète. Oui, s'il faut faire, il fera. Oui, sur lui, instruit dès l'enfance de l'injonction de résister à la douleur, de l'indispensable révolte face à toute force injuste, petit garçon subissant les mauvais traitements d'un frère aîné, fils d'un entrepreneur aisé, enfant d'un second mariage (la première épouse du père, décédée précocement, était la sœur de la seconde), jeté loin de l'amour tant désiré de sa mère, mais trouvant refuge dans les bras de ses sœurs, sur lui on pouvait compter pour défier l'ennemi, lui opposer sa stature et exposer son torse à la menace des balles, tant qu'il s'agissait, frappé par l'« Aile double des cris d'un million de crimes se levant soudain dans des yeux jadis négligents[14] », de défendre « les milliers de ruisseaux qui rafraîchissent et dissipent la fièvre des hommes[15] ». Mais à quel prix ? Par essence solitaire, par nature rebelle, Char ex-enfant levé contre l'autorité, ex-surréaliste pulvérisant les codes de l'écriture, élaborant une pensée politique anticapitaliste, anticolonialiste, antitotalitaire, aux côtés de Breton, d'Aragon, d'Éluard, n'oubliera pas son courage à l'heure, multipliée, d'éliminer les SS. C'est la patrie qui attendait, c'est la liberté qui périssait. Mais ce sont lui-même et sa conscience qu'il lui faudra ensuite affronter.

Moments de doute quand la victoire approchera, quand elle sera là et avec elle les frénésies de bas instincts soudain délivrés, donnant à voir « le spectacle d'une poignée de petits fauves réclamant la curée d'un gibier qu'ils n'avaient pas chassé, l'artifice jusqu'à l'usure d'une démagogie macabre ; [quand] parfois la copie par les nôtres de l'état d'esprit de l'ennemi aux heures de son confort, [le] portait à réfléchir[16] ». De la violence vengeresse se répandant tel un épais sirop noir, de l'horreur de l'épuration et l'arbitraire de ses tribunaux, de l'abaissement de l'opprimé d'hier devenu soudain oppresseur de femmes – aux cheveux et aux toisons pubiennes rasées en place publique, et que l'on oblige à sourire devant l'objectif qui fixera et leur regard presque vide demeuré hanté d'une étincelle de peur animale, le corps pantelant –, des persécuteurs de petites gens soupçonnés d'entente avec l'ancien vainqueur, des geôliers du dimanche, juges de circonstance, fusilleurs de milliers d'hommes aux mains sales ou supposées telles au nom de la liberté pour laquelle lui-même avait risqué sa vie et celle de ses compagnons de maquis, de tout cela Char ne voulait pas – « qui a connu et échangé la mort violente hait l'agonie du prisonnier[17] ». Rien n'était oublié de sa révulsion contre « les individus méditants qui se rendent gaillardement à l'appeau du tortionnaire et s'enrôlent parmi ses légions[18] », de son mépris pour les couards en tout genre, trop tardifs résistants pour être honnêtes, sourciers du vent qui tourne, de son horreur devant l'entreprise d'extermination qui avait nécrosé l'Europe et planifié industriellement la néantisation de l'homme en l'homme, des morts au combat dans ses propres rangs, de l'ennemi dont il fallait bien croiser le regard au moment de l'exécuter. Mais de la décision de juger l'autre il se défiait, toujours hanté par la peur de se tromper, rebuté par le règne de l'arbitraire, le triomphe de la rumeur, l'impossible instruction de l'histoire, la facilité avec laquelle des vichystes d'hier voyaient laver leur honneur maintenant séché au soleil trompeur de la vingt-cinquième heure. Char déclina la proposition de participer à tout tribunal, cour de justice, instance prétendant déterminer ceux des Français qui méritaient encore de l'être. Il pensait n'y trouver ni justice, ni ce qui aurait pu faire des honneurs autre chose que « ces mauvais champignons qui prolifèrent dans les crevasses de la sécheresse et dans les lieux avariés, après le premier grain de pluie[19] ». D'ailleurs, comment faire confiance après avoir été le témoin de l'aisance avec laquelle le pouvoir central s'était coulé, en 1940, dans les ordres d'une puissance ennemie étrangère, à un détenteur, quel qu'il fût, de l'autorité ? « Nous sommes partisans, après l'incendie, d'effacer les traces, de murer le labyrinthe et de relever le civisme[20] », écrit un Char désireux de tourner la page, au moins fictivement, de chasser sur les grands espaces sans finistère de la beauté, retrouver ce qui fait la grandeur de l'homme en chacun des siens, créer, interroger. « Ne songeons pas aux couards d'hier, auxquels se joindront les nôtres ambitieux [...]. Rentrons. Les clairons insupportables sonnent la diane revenue[21]. »

Il lui fallait prendre la poudre d'escampette, au grand large d'une société excavée, dont les distributeurs de nouveaux produits d'après-guerre, essentiellement américains, menaçaient de combler les béances. Il lui fallait rompre définitivement avec les surréalistes, ces frères de solitude et d'insoumission, rejoints en 1929, il avait vingt-deux ans, et déjà quittés en 1934 pour cause de confiscation

René Char,
10 novembre 1983.
Photographié par
Jean-Pol Stercq.

René Char, 1940.

de leurs idéaux par les sectaires, d'irrémédiable désaccord sur ce qu'il considérait comme artifices d'écriture, de reniement de sa propre violence exprimée dans *Le Marteau sans maître* (1934), de manquement, selon lui, des surréalistes historiques à leur rendez-vous avec l'histoire alors que les fascismes commençaient de dévoiler leurs fureurs atomiques. Au sortir de la guerre, le fossé s'élargira encore, Char moquant ces poètes qui ont continué, sous prétexte de communisme, de publier pendant le conflit, célébrés en tant que poètes de la Résistance, saisissant l'opportunité de monter sans réel effort sur un piédestal de pacotille – « La parade des poètes de la Résistance, c'est comique. Au fond, ils n'en reviennent pas [...] d'avoir récolté tant d'honneur pour si peu de risques : la plupart n'ont même pas eu besoin de se cacher. Eh, quoi ! Ça s'est trouvé comme cela, vous avez été du bon côté, vous avez défendu l'homme, c'est très bien[22] » ! Or Char se veut tout autre.

Homme d'aucune chapelle sinon celle de la beauté, antistalinien de la première heure, le poil dressé à l'approche du moindre poète dit communiste, lui qui, contrairement à ceux qu'il critique, refusa de publier tout le temps que dura la guerre, abhorrant cette étiquette de poète de la Résistance, plutôt poète donc résistant, et, au contact réel de l'indicible, au concret de la bataille, résistant poète..., il lui fallait épouser la traverse, retourner à ses montagnes, leurs lacs, leurs arbres au feuillage bruyant dans le mistral, fuir Paris et sa « gueule d'acné[23] », selon l'expression de Camus, Paris, cette « clinique où tout a le même goût et le même parfum[24] », enchérit Char. Écrire. Seulement écrire. Dynamiter le sarcophage de respectabilité à l'obscurité duquel la chronique aurait voulu réduire son œuvre, quand il lui restait tant de lumière à conquérir. Tant d'amour aussi. Le vrai. Ce long vertige. L'amour de son lieu, L'Isle et ses environs, le moindre ru, l'aube la plus nue, l'olivier, la colline, le taureau « Cerné de ténèbres qui crient / Soleil aux deux pointes semblables[25] ». L'amour du travail de l'écriture, depuis l'interrogation sur le monde, la recherche permanente du mot juste, jusqu'à l'économie, le signifiant, le poétique. Dans les vents chauds des crépuscules de ses promenades, la tête emplie du chant qu'ils lèvent dans les herbes hautes, l'oreille distraite par le sifflement du berger rappelant son chien gardien de troupeau, loin, loin des vanités des salons, des étourdissements de voyage, au plus près de soi, à l'affût de la beauté et convaincu d'en être l'un des fils. Et son ami, l'historien français Paul Veyne, de nous révéler : « Un jour, dans le jardin, pris d'une subite inspiration, il me dit que la matière était pensante et que lui-même portait en son corps des fragments d'un antique organisme invisible, aujourd'hui déchiqueté, qui émigraient à travers les marées de l'Éternel Retour[26] ».

L'amour des femmes. Rare, mais assez intense pour lui donner la sensation que « Fermée comme un volet de buis / Une extrême chance compacte / Est notre chaîne de montagnes / Notre comprimante splendeur[27] ». L'amour d'un ami, d'un nouveau frère. Camus. Jumeau de lutte, d'intégrité devant la veulerie de la guerre et de ses suites, d'aspiration au silence, de fatigue devant la lâcheté, le profit éhonté, la corruption en politique. Frères de révolte. Frères d'écriture. Un double, aussi précieux dans sa riche proximité intellectuelle que Francis Curel l'avait été des décennies plus tôt, par sa capacité d'osmose avec le lieu, identique à celle de Char. Camus aux côtés duquel, leurs deux œuvres s'enlaçant, résonnant l'une dans l'autre, il continuera de combattre malgré son aspiration au repos, de tordre l'imbécillité de l'époque, les errements des régimes postcoloniaux. La vie lui reprit Camus, un jour de janvier 1960, après quatorze ans de la plus sensible des communions, réalisant l'une de ses funestes prophéties : « C'est toujours l'aurore pour les plaies[28] », écrivait Char à son ami en 1949 à propos de l'amour, celui de deux amants ou celui de deux frères. « Il n'y a pas d'issue – sinon la chance, l'éclair – ou la douleur[29] », lui répondit l'homme révolté.

René Char
au Renanque,
L'Isle-sur-la-Sorgue.
Photographié par
Lufti Ozkok.

« JE COMPRIS À L'EXPRESSION DES YEUX DE CAMUS, À L'EXUBÉRANCE QUI LES ÉCLAIRA, QU'IL TOUCHAIT À UNE TERRE ET À DES ÊTRES AUX SOLEILS JUMEAUX QUI PROLONGEAIENT AVEC PLUS DE VERDURE, DE COLORIS ET D'HUMIDITÉ LA TERRE D'ALGÉRIE À LAQUELLE IL ÉTAIT SI ATTACHÉ. »

René Char, « Postface », in Albert Camus, *La Postérité du soleil,* 1965.

Salman Rushdie

Un héros si discret

« Tout maintenant a un sens et ce sens peut-être mortel. »

Albert Camus, « Tout ne s'arrange pas », *in Les Lettres Françaises*, n° 16, mai 1944.

Salman Rushdie, Madrid, 9 septembre 2004. Photographié par Francis Tsang.

« Ce que je redoute le plus, c'est l'absurdité[1]. » Ainsi parle Saleem Sinai, conteur fatigué au corps en phase de décomposition, bien qu'il n'ait pas encore tout à fait atteint sa trente et unième année, épuisé par les « multitudes disparues » qui « se bousculent et se fraient un passage » en lui, ce cortège d'ascendants et leurs empreintes laissées non seulement dans la géographie de ses gènes, dans son présent à élaborer, mais dans l'histoire de son pays d'origine, l'Inde, celle des séismes géologiques ou politiques et des tueries à grande échelle, celle de l'émigration indienne et pakistanaise vers la Grande-Bretagne promise. On est en 1981, dans le premier grand roman de Salman Rushdie, *Midnight's Children (Les Enfants de minuit)*, qui connaîtra un succès mondial, couronné trois fois du Booker Prize, d'abord lors de sa parution, ensuite désigné par le public « Booker des Bookers », pour les vingt-cinq ans du prix, en 1993, et de nouveau meilleur Booker de tous les temps, pour ses quarante ans, en 2008. Au moment de la première parution du livre, Rushdie, né, comme le narrateur, à Bombay, en 1947, l'année de l'indépendance de l'Inde, ayant grandi à Londres, est âgé d'à peine trente-quatre ans. Et ce dont il va nous parler tout au long de ce livre magistral, c'est – depuis une perspective inversée : le regard du colonisé sur le colon – du devenir de l'être qui s'ébroue, se forge, se distancie, s'élève, solide, depuis un marais d'interrogations, de culpabilité, de traditions familiales honteusement ressenties comme obsolètes, d'injonctions religieuses allègrement contournées, c'est de la construction d'un homme nouveau aux fidélités floues, de la remise en cause du lieu d'où l'on vient. « Comme des crachats dans l'œil du destin[2]. »

Bien avant la polémique, les menaces, l'appel mondial par un État au meurtre d'un homme, avant la mise à prix de sa tête par-delà les frontières pour plusieurs millions de dollars, au nom de la religion, avant les manifestations meurtrières dans les rues de plusieurs capitales déversant des flots de haine par la bouche d'individus dont les yeux n'avaient évidemment pas lu l'œuvre qu'ils entendaient immoler, avant les mises à sac de librairies, les alertes à la bombe, les agressions par balles de traducteurs et éditeurs, les assassinats, bien avant l'impossibilité pour lui de voyager puisque des compagnies aériennes refusèrent de le transporter, avant sa mise sous protection assortie de plusieurs gardes du corps, euphémisme d'une forme de réclusion quand « il s'éveillait tous les matins dans une maison pleine d'étrangers armés, qu'il ne pouvait pas aller faire un tour dehors pour acheter un journal ou prendre un café, que la plupart de ses amis et même sa famille ignoraient son adresse[3] », l'isolement, le téléphone pour seul outil de communication – dépressive – avec l'extérieur, bien avant les lâchetés d'un personnel politique plus motivé par la défense des intérêts économiques à court terme d'une nation plutôt que par celle d'une des libertés les plus symboliques des démocraties que tous ces gens entendaient incarner – « Il devint un sujet de contrariété pour les hommes d'affaires qui voulaient se développer sur le marché iranien, pour les diplomates qui voulaient établir des relations, pour les journalistes, pour qui, sans nouvel événement à couvrir, il n'y avait pas d'actualité[4] » –, bien avant les autodafés, dans une quasi-indifférence ou un silence peureux et complice, les mises en cause par une presse prompte à reprocher à un écrivain le mauvais goût de coûter cher à son semblable citoyen contribuable ou d'attirer défavorablement l'attention sur sa patrie, il y avait – déjà – chez Rushdie, la nécessité de raconter le déracinement, « l'imbrication de l'improbable et du terrestre[5] », la condition de migrant, le recul impérieux vis-à-vis du sacré et de ceux qui prétendent le défendre, la collision des colères et des appartenances d'un « avaleur de vies[6] ».

Comment et à partir d'où se définir ? Depuis la barque d'un passeur au moins centenaire, poursuivant son soliloque pendant qu'il transportait régulièrement, de la maison d'une mère acariâtre à celle d'une patiente pudique, les émois d'un jeune médecin autorisé à ausculter la belle au travers d'un trou de sept pouces de diamètre pratiqué dans un drap censé protéger son intégrité, drap tendu par des lutteuses vigiles, sous l'autorité attentive de son père, aveugle ? Depuis un club de golf de Bombay « qui n'a plus que neuf trous aujourd'hui, des gratte-ciel ayant jailli des neuf autres trous comme des mauvaises herbes géantes, ou, plutôt, comme des pierres tombales marquant le lieu où gisait le corps déchiré de la vieille ville – là, juste à cet endroit, des cadres de très haut niveau rataient le putt le plus simple ; et tenez, là-haut, des touffes de cheveux angoissés, arrachés de têtes directoriales, tombaient en voltigeant par les fenêtres des étages supérieurs[7] » ? Depuis les hauts murs d'un château labyrinthique, au Pakistan, à l'ombre duquel grandissaient trois filles tenues dans l'ignorance du monde réel, privées d'instruction par un père prétendant écarter ainsi toute possibilité de flétrissure, trois sœurs devenues identiques à force de grandir ensemble séparées de toute société, donnant naissance à un, puis deux enfants, sans que jamais personne, y compris les rejetons, ne sût qui en était ni le ou les géniteurs, ni la ou les mères biologiques, puisque les hommes étaient tenus à l'extérieur de la demeure et que les sœurs, enceintes, « souffraient des mêmes envies – massepain, pétales de jasmin, pignons, boue – au même moment ; leur métabolisme basal se modifiait en parallèle. Elles pesaient le même poids, étaient fatiguées en même temps [...] ; dans trois ventres, un seul bébé et ses deux images fantomatiques donnaient des coups de pied et bougeaient avec la précision d'un ballet bien réglé[8] » ? Parler et observer, soi-même en chute libre dans le « couloir vertical », hôte de la descente implacable vers les rives britanniques de deux des passagers – en majorité indiens en cours de migration – d'un avion ayant explosé « très haut au-dessus de la cité grande, magnifique, pourrissante, blanche comme la neige[9] », Londres, leurs deux corps toujours en vie et

Salman Rushdie dans son bureau, 1989.

« UNE SOCIÉTÉ LIBRE N'(EST) PAS PLACIDE MAIS TURBULENTE. »

Salman Rushdie, *Joseph Anton. Une autobiographie*, 2012.

en capacité d'indignation alors que « mêlés aux restes de l'appareil, également fragmentés, également absurdes, flottaient les débris de l'âme, des souvenirs brisés, des mues d'êtres, des langues maternelles sectionnées, des secrets violés, des plaisanteries intraduisibles, des avenirs anéantis, des amours perdues, le sens oublié de mots creux et ronflants, le pays, l'appartenance, la famille » ? Jamais Rushdie n'a dévié de son sillon, ni de la façon d'en conter les reliefs : avec truculence, fantasmagorie, tendresse, exhaustivité, sans fard. Les religions, dont l'islam, et la façon dont elles asservissent ceux qui s'en réclament, ont toujours couru sous la plume de ce fils d'une famille musulmane mais d'un père athée, un « homme sans Dieu, le genre de remarque qui choque encore aujourd'hui aux États-Unis, qui n'est pas exceptionnelle en Europe, mais qui est totalement incompréhensible dans la plus grande partie du reste du monde, où l'idée de ne pas croire est en elle-même difficile à formuler[10] ».

Le monde a-t-il su déceler dans la fatwa lancée en 1989 contre Salman Rushdie par l'ayatollah Khomeyni lui-même, leader religieux semant sans vergogne et mondialement la tempête, levée en 1998 par le président iranien « réformiste » Mohammad Khatami et réitérée en 2005 par l'ayatollah Khamenei, l'avertissement donné aux démocraties modernes, l'insulte faite à leurs valeurs fondamentales, la menace visant leurs populations tout entières ? Ceux qui n'ont rien dit au moment de la désignation d'un ennemi mondial numéro un en la personne d'un écrivain ont-ils compris qu'ils dansaient sur l'une de ces failles de l'histoire dans laquelle « leur quotidien est détruit, quand pendant quelques instants ils voient, simple et sans ornement, une des grandes forces déterminantes de la vie. Le désastre les fixe de son œil hypnotique et ils se mettent à creuser et à gratter les gravats de leurs vies [...] les tas d'ordures de leurs pertes immenses et irrécupérables[11] » ? Au nom de quelle religion peut-on décider de ce qu'un autre que soi, dans un autre pays que le sien, aura ou non le droit de penser, d'écrire, de chanter, de peindre, de dessiner, de sculpter ou d'enseigner, sous peine de mort ? « L'affaire des *Versets sataniques* était la première note de cette musique [dont] nous entendons aujourd'hui la symphonie macabre. [...] Je vivais aux États-Unis le 11 septembre 2001 et, au lendemain des attentats, des intellectuels m'ont dit qu'ils comprenaient enfin ce qu'il m'était arrivé en 1989. Parce qu'ils le vivaient à leur tour. Ah bon ? Il fallait en passer par cette calamité terroriste[12] ?! »

Salman Rushdie n'a cessé de nous mettre en garde depuis : son cas n'était pas « exceptionnel », puisque si aucun écrivain de langue anglaise n'avait jamais été l'objet d'une telle curée mondiale, d'autres auteurs, d'autres artistes, vivant, eux, dans des pays sous régime religieux musulman, ont fait et font l'objet de persécutions. Mais, aveuglés ou éblouis, les uns par leur complaisance à l'égard des tueurs d'écrivains, sous-tendue par une fausse bonne conscience de soi-disant universalistes, les autres par la défense de principes tout aussi universels mais désormais rejetés dans le camp de la réaction, ce que nous n'avons pas su voir, c'est que pour non exceptionnelle qu'elle fût, l'affaire des *Versets sataniques* n'en était pas moins « exemplaire » et annonciatrice de vents mauvais. En plus de priver un homme de son identité d'auteur, de la reconnaissance de ses capacités d'écrivain à mobiliser le beau et à réinventer le rêve. Salman Rushdie et son œuvre, remparts, oxygène invisible dont nous ne nous apercevons de la crucialité que quand nous en sommes brutalement privés, ne sont pas qu'une vigie lointaine de l'humanité, avec ses affres et ses promesses. Le nez collé à la polémique, combien auront su reconnaître dans l'œuvre de Rushdie cet « homme qui est né et a été élevé pour être hors des choses[13] », dès ses premiers écrits, la truculence et la férocité désespérées du récit, sa puissance novatrice, la coupe longitudinale à laquelle cet auteur soumettait sa filiation et, à travers la sienne, celle de millions d'immigrés, indiens, pakistanais, bengalis, népalais, sri lankais, est-africains, antillais édifiant la société britannique postcoloniale, le point de vue de l'ex-colonisé ou du descendant d'esclaves sur l'ex-exploiteur, mais aussi celui de l'ex-colonisé sur sa propre construction, la mise à nu des bassesses de chacun, des renoncements et de la couardise, la défense des femmes, de l'énergie à déployer pour les soustraire ou pour qu'elles se soustraient elles-mêmes au joug du qu'en-dira-t-on, au déterminisme religieux, à la coupe d'un père, d'un frère, d'une commère, d'un maître, à la réclusion provoquée par… une chaîne de montagnes – « En hiver, quand la vallée se refermait sous la glace, les montagnes se rapprochaient et grondaient comme des mâchoires en colère, autour de la ville au bord du lac[14] » ?

Rushdie, écrivain à la joie brisée mais pas éteinte, à la plume grave mais n'ayant rien perdu de sa fantaisie, à la vigilance intacte et au regard inquiet, l'un de ces hommes qui marchent toujours sur le qui-vive, à l'affût d'une menace de taille à frapper de toutes parts sous n'importe quel trait, à le frapper lui, et par là même, chaque être libre. Héros de l'ombre.

« L'EXIL EST UN RÊVE DE RETOUR GLORIEUX. L'EXIL EST UNE VISION DE LA RÉVOLUTION : ELBE, PAS SAINTE-HÉLÈNE. C'EST UN PARADOXE SANS FIN : REGARDER DEVANT SOI EN REGARDANT TOUJOURS DERRIÈRE SOI. L'EXILÉ EST UNE BALLE JETÉE TRÈS HAUT EN L'AIR. »

Salman Rushdie, *Les Versets sataniques,* (1988) 1989.

Salman Rushdie lors d'une conférence sur ses travaux à l'occasion de la 18e édition du festival international de littérature de Loèche-les-Bains (Suisse), 6 juillet 2013. Photographié par Anthony Anex.

James Baldwin

Cent ans de solitude

« Il savait qu'à la minute où il ouvrirait volontairement les yeux sur ce que signifiait son existence, il se tuerait ou bien il tuerait quelqu'un d'autre. »

Richard Wright, *Native Son*, 1940, trad. fr. *Un enfant du pays*, Paris, A. Michel, 1947.

Beauford Delaney, *James Baldwin*, 1945. Huile sur toile, 55,9 × 45,7 cm. Philadelphie (Pennsylvanie), musée des Beaux-Arts.

Toute une œuvre. Toute une vie. Long combat voué à dessiller une nation, nation-continent, continent-monde. Le seul visage que nous ne pourrons jamais appréhender totalement, considérait-il, est notre propre visage. Le rôle de l'artiste est de nous le dévoiler. Dans toute sa complexité. Or, quand il s'agit de dévoiler à un pays entier son réel visage… Être un artiste aux États-Unis, relate-t-il dans un essai dédié au « processus créatif » et publié en 1962[1], être un artiste aux États-Unis n'est pas neutre. Car « en tant que nation, ce pays a modifié, truqué, supprimé, menti à propos des forces obscures ayant présidé à son édification ». Et si pour les personnes, écrit encore James Baldwin, nous savons que quiconque n'assume pas la vérité sur son passé en est prisonnier, immobilisé dans son intimité non dévoilée, inapte à évaluer ses forces et ses faiblesses, confondant les unes et les autres, cela vaut aussi pour les nations. Nous sommes le pays le plus puissant du monde occidental, constate le natif de Harlem, mais pas pour les raisons que nous croyons.

Une vie entière donc, consacrée à démonter, peler, mettre à nu, à vif, la société américaine du milieu du XXe siècle et ses démons, pour mieux construire, à partir de l'exhaustif constat clinique obtenu, une société meilleure, son rêve à lui, récurrent, alimenté de jour en jour… et un tel échec ? Qu'aurait pensé Baldwin de l'Amérique dite postraciale du XXIe siècle et de ses problèmes « raciaux », au sens américain des « races », presque intacts ? Qu'aurait-il pensé de l'élection d'un Africain-Américain, au sens à la fois symbolique et littéral du terme, « leader du monde libre », Noir présidant un pays à la boue solidifiée sur l'empreinte d'une marchandise humaine tellement fustigée, dont on déplora jusqu'aux effluves de sa sueur quand le fouet ouvrait ses chairs, quand la peur perlait, exsudée, expulsée, vomie, urinée, déféquée dans la noirceur fétide d'un fond de cale ou sous l'éclat du soleil rendant aveugle, sur les planches brûlantes du pont ou l'inconnue du débarcadère, alors qu'une cravache vous fouillait la gorge, dévoilant les babines d'un être traité comme moins que chien, un pays

BEAUFORD DELANEY. 45

James Baldwin, 1963.

aux sols encore gorgés des tourments de centaines de milliers d'esclaves immolés à la tâche, cheptel évalué aux seules aunes de sa force de travail et de ses qualités reproductrices ? Barack Obama, réellement africain et américain, fils d'un immigré kenyan et d'une enfant du pays au teint de porcelaine, pas un Noir issu de l'esclavage, mais époux d'une descendante d'hommes enchaînés et ayant connu comme eux l'épreuve d'une peau non conforme à porter jour et nuit, à la fois étendard crâne, bouclier souple et stigmate éternel. Obama, sur le toit du monde ? Pour quel résultat ? Cristallisation à lui seul des contradictions explosives grandissant en chaque Américain noir né depuis l'abolition de l'esclavage, Obama africain-américain « plus africain qu'américain » aux yeux des fils et filles d'esclaves, « métis » dans un inconscient collectif blanc et un inconscient collectif noir[2] au sein desquels la présence dans une même phrase des mots *black* et *beautiful* date d'à peine plus d'une génération, faisant partie de l'élite universitaire dans un pays où, longtemps, pour la plupart des Noirs, il y eut et il y a encore loin des promesses de rêve américain aux réalités. Obama, « l'homme le plus cool de la terre », si rassurant, si consensuel, un tel espoir de revanche sur la destinée pour des centaines de millions de Noirs dans le monde entier, un tel onguent pour la conscience de centaines de millions de Blancs – vous voyez bien que le monde n'est pas si raciste qu'il en a l'air –, un Noir si dépourvu de cette étincelle fugace et redoutée dans un regard prétendument – ou volontairement – mort, cet éclair, cette lame passant furtive sous des paupières trop prestement baissées, cette vibration menaçante dans un pas, une façon de se mouvoir, un effacement trop manifeste, cette humilité contrite, contrainte, ce moteur silencieux, danger réputé intrinsèque, peur, legs latent, aujourd'hui encore donnant le droit à n'importe quel citoyen, en uniforme ou pas, de lever son arme et de tuer, sans sommation, parce qu'ayant la vague sensation d'un péril imminent... Barack Obama, ce Noir des États-Unis départi de colère.

Elle est, cette réelle colère, ou plutôt ce marécage éruptif, un fondamental chez l'Africain-Américain, auquel Baldwin consacra tout son travail. L'obscurité contre laquelle il lutta toute sa vie. Pour lui, pour son père, pour ses huit jeunes frères et sœurs, pour les Africains-Américains, pour toute l'Amérique. Ce goût de sang dans la bouche, toujours ce foutu sang – « Cette saloperie de sang jaillit d'abord à travers ses narines, puis fit vibrer les veines de son cou, explosa en torrent écarlate dans sa bouche, atteignit ses yeux, l'aveugla et le fit choir, choir, choir, choir, choir[3] » –, cette glace descendant rapide depuis l'échine dans les veines et figeant un instant le cœur avant de remonter, haine soudain pulsée brûlante jusqu'à la racine des cheveux, rage syncopée brouillant la vue et compromettant le discernement. Celle de l'enfant noir devenu adulte, coursier s'entendant dire, alors qu'il pénètre dans les buildings de Manhattan, « passe par la porte de derrière, *boy* », celle d'une servante préférant serrer le poing sur l'aiguille qui s'enfonce dans sa

De gauche à droite, Charlton Heston, James Baldwin, Marlon Brando et Harry Belafonte, lors de la marche sur Washington en faveur de l'avancée des droits civiques et contre les discriminations raciales, 28 août 1963.

paume, se mordre la lèvre plutôt que rugir son indignation devant une énième vexation, celle de Baldwin employé des chemins de fer dans le New Jersey, sorti du ghetto de Harlem, s'appliquant à pousser la porte, inlassablement, de tous ces bars, *diners*, cafés où il s'assoit patiemment, tranquille, sans une once de défi dans le regard ni l'attitude, et attend, en silence, qu'on vienne prendre sa commande, mais qui s'entend systématiquement répondre : « ici, on ne sert pas les Nègres », quand il n'est pas attrapé par le collet et jeté dehors, moins que rien, moins que chien – au moment même où des milliers de ses semblables, damnés de l'Amérique blanche triomphante, meurent au combat sur une terre d'Europe au nom d'une démocratie et d'une liberté frappées aux branches des quarante-huit étoiles qu'arbore alors la bannière nationale. C'est Baldwin envahi par ce qu'il nomme lui-même « le poison », prêt à tuer l'hôtesse venue lui répéter, les yeux baissés et l'air confus, que non, elle ne pourra pas le servir, parce qu'ici, les négros... Cette « rage intérieure, inarticulée et dangereuse[4] », d'autant plus dangereuse qu'elle est tue, la plupart du temps... pourtant bien là, tapie dans les « oui m'sieur » et « non m'dame » polis dont le portier et la femme de ménage, noirs, ponctuent chacune de leur phrase. « Ils vous diront qu'il pleut si c'est ce que vous voulez entendre, ils vous diront que le soleil brille si c'est ce que vous voulez entendre. Mais ils vous haïssent vraiment – ils vous haïssent vraiment parce qu'à leurs yeux (et ils ont raison) vous faites obstacle entre eux et la vie[5]. »

En son père, David, ou plutôt père adoptif, « l'homme le plus amer qu'il me fut donné de rencontrer[6] », objet de son propre ressentiment et de ses peurs d'enfant, puis d'adolescent, puis de jeune adulte homosexuel en révolte contre l'autorité de ce pasteur rigide, rebuté par le conservatisme, la violence et la paranoïa sénile de l'homme rendu prématurément vieillard, Baldwin décela, vécut et s'effraya de cette rage, cette angoisse permanente, cette tristesse rendant impossible toute relation humaine ou filiale normale. Car comment *vivre,* comme au chaud de n'importe quelle famille ? Comment échanger, se confronter, apprendre l'un de l'autre, guetter l'émotion dans le regard d'un frère, d'un père, d'un mari, quand chaque instant est nimbé d'un halo de violence extérieure, supérieure, omnisciente, pouvant fondre à tout moment sur vous, sans raison valable, sans coup férir et dynamiter le monde que vous aurez construit pour et avec les vôtres, vos voisins, vos collègues, vos amis ? Comment grandir, s'opposer à un père, lire le chagrin d'une mère, tirer, espiègle, les cheveux d'une sœur, déclencher les rires en rafale avec ses blagues d'enfant lors d'un déjeuner dominical, regarder s'agiter les bouches, encore pleines de nourriture trop riche, s'émouvoir d'une cheville devinée, d'un regard intimidé détourné, comment expérimenter l'éclat d'une décalcomanie d'existence rêvée et projetée par d'autres, êtres humains eux aussi, mais pourtant si dissemblables parce que d'une autre couleur de peau ? Confit dans l'incompréhension d'un homme qu'il ne voyait jamais sourire, qui – malgré lui – inspirait une crainte animale à James et à tous les autres enfants de la famille – qu'il essayât d'en prendre un sur ses genoux, et ce simple contact provoquait les pleurs de l'enfant et les cris du père en retour, qu'il rapportât des surprises à la maison le soir, et personne n'en semblait jamais enchanté –, un homme qui ne cessait de les mettre en garde, lui et sa fratrie, contre la malignité de l'homme blanc, la malédiction de l'homme noir, leur funeste destin en général dont seule la prière pourrait les sauver, quand eux, enfants, ne voyaient de l'Amérique que les limites d'un ghetto noir finalement protecteur – « J'avais entendu parler du *Sud* et nous savions comment les Noirs étaient traités là-bas, et ce que les *Southerners* attendaient des Noirs, comme comportement. Mais jamais je n'aurais imaginé que qui que ce soit attende de *moi* que je me comporte ainsi[7]. » La rage de cet homme, dont il louait la beauté, la noirceur de peau, qui se savait noir mais ne se sut jamais beau, et dont l'autodétestation, l'horreur de l'injustice dont lui et *les siens* seraient invariablement victimes trouva un dévidoir en la paranoïa déclenchée par sa dégénérescence neurologique, Baldwin ne comprit que plus tard où elle prenait racine, quand lui-même, sorti des limites du ghetto, fut confronté au racisme d'État dans son expression quotidienne. Dans le face-à-face avec le réel, ses premiers pas d'adulte construisant une vie de citoyen libre – « c'est parce que ma vie d'homme avait commencé : ma souffrance avait commencé[8] » – , il prit la pleine mesure de sa place d'homme instruit, assoiffé d'ascension sociale, écrivain dès l'âge de neuf ans, déjà publié dans plusieurs revues locales pour ses nouvelles et ses pièces de

« JE ME SENTAIS ENCORE PLUS SEUL ET PLUS VULNÉRABLE QUE NAGUÈRE. ET LE SANG DE L'AGNEAU NE M'AVAIT EN RIEN PURIFIÉ. J'ÉTAIS TOUT AUSSI NOIR QU'AU JOUR DE MA NAISSANCE. »

James Baldwin, *La Prochaine Fois, le feu*, 1963.

théâtre, mais africain-américain, noir, aux cheveux « semblables à une jungle[9] », fils d'un homme dont la mère était née esclave. Oui, l'esclavage ne remontait qu'à deux générations avant lui. Et le chemin était encore long qui mènerait à l'élection d'un Noir à la présidence du pays.

Baldwin, résolu à ne jamais se laisser ni envahir, ni détruire par la haine qu'il savait – il avait eu mille occasions de la réprimer – rayonner en lui[10], consacra sa vie entière d'artiste à essayer de convaincre les deux Amériques d'alors, blanche et noire, qu'un autre chemin était possible. Lui comptait sur l'empathie naturelle de l'être sensible, sur l'amour et l'aspiration de tout être humain à la liberté pour déclencher une prise de conscience. Ainsi, de ses premiers textes, aussi bouleversants et fidèles à la réalité de la ségrégation, de la violence d'État, des haines réciproques et des dangers d'effondrement de la nation soient-ils, sourdait le souffle de l'espoir. Son rêve à lui… Une foi en de meilleurs lendemains, malgré son intransigeance dans la transcription des maux de son pays, que certains, tout en lui décernant le titre de plus grand écrivain noir du XXe siècle ou de leader de la lutte pour les droits civiques, prenaient pour de la naïveté. Un entêtement à mettre en garde l'Amérique blanche, une détermination à souligner les ressources, la faculté en chaque Noir de s'affranchir de l'amertume, même s'il lui arriva de se demander, parfois à haute voix, si l'antidote – l'amour ! – existait bel et bien, s'il valait mieux en faire usage, ou, par souci d'efficacité, combattre le poison par le poison.

De convulsions en convulsions – les émeutes de 1943, à Detroit, puis à Harlem, au moment même où meurt son père, et celles, sporadiques, sanglantes, meurtrières, qui jalonnèrent le combat pour les droits civiques et l'abolition de la ségrégation raciale, les assassinats racistes, les explosions de bombes, les lynchages par milliers, jusqu'à la fin des années 1960, les marches, la répression, la guerre contre le Viêt Nam… –, il ne cessa d'en appeler à la force de caractère et au discernement de chacun, de penser, d'écrire, de clamer que haïr vraiment l'autre, parce que blanc, ou parce que noir, nécessite une telle oblitération de l'humanité en soi que cette haine devient elle-même une quête non seulement exténuante mais autodestructrice. Il lui fallut quitter le domicile familial, franchir les limites du ghetto, à dix-huit ans, pour découvrir l'ampleur de la haine que sa simple présence pouvait déclencher en un lieu, un espace, un échelon de la société où il n'était pas censé se trouver. Il lui fallut la mort de son père, en 1943, le jour de ses dix-neuf ans, pour comprendre à quel

point celui-ci l'avait aimé et combien il l'avait aimé en retour. Il lui fallut la rencontre, la même année, avec Richard Wright, comme lui petit-fils d'esclave, pour savoir qu'il serait écrivain et rien d'autre. Il lui fallut Paris, en 1948, à vingt-quatre ans, pauvre, logé dans un bouge de la rue du Bac, traînant son talent en germe et son errance d'exilé entre les tables du Café de Flore, pour éprouver combien la société qu'il avait provisoirement quittée, celle de son peuple, malgré la furie et les lacérations, le hantait. « Quand je me retrouvai de l'autre côté de l'océan, je vis enfin clairement d'où je venais et qui j'étais… Je suis le petit-fils d'une esclave et je suis un écrivain. À moi de faire avec [11]. »

La mort d'Emmett Till, torturé, mutilé et lynché à l'âge de quatorze ans, en 1955 dans le Mississippi, celle de Medgar Evers, assassiné dans ce même État du Sud, en 1963, à l'âge de trente-sept ans, qui inspira à Nina Simone le brûlot *Mississippi Goddam*, le meurtre des quatre adolescentes Denise McNair, onze ans, Addie Mae Collins, quatorze ans, Carole Robertson, quatorze ans, et Cynthia Wesley, quatorze ans, à Birmingham, Alabama, en 1963, mais aussi les assassinats de Malcom X en 1965 et surtout celui de Martin Luther King en 1968, comme toutes les violences et les morts de ces temps provoquées par le racisme, eurent pourtant raison de la foi de Baldwin en l'homme. L'année 1972 et *No Name in the Street (Chassés de la lumière)*, marquèrent une forme de tarissement de l'espoir, comme

James Baldwin, en compagnie d'enfants à La Nouvelle-Orléans (Louisiane), 1963.

un épuisement le laissant démembré, impuissant à trouver la faible intensité électrique qui lui permettrait d'y croire encore. Persuadé qu'il a trop attendu d'une Amérique, d'une humanité qui ne s'en demandent pas tant, troublé par les exactions et conflits à l'aube de la décolonisation, dont il est témoin à Paris, l'écrivain, sans se laisser gagner par « le poison », laisse poindre le découragement. « Depuis la mort de Martin... quelque chose s'en est allé. Peut-être que plus que sa mort en elle-même, la façon dont s'est achevée sa vie me force à porter un jugement sur la vie humaine et sur les êtres humains, auquel j'avais toujours été réfractaire[121]. »

Baldwin pourtant, bien que remettant en cause l'idéal de la non-violence, n'ira pas jusqu'à se renier, et son constat désabusé mais demeurant crédule des données de la question raciale, des solutions à y apporter et de l'urgence à faire des États-Unis un pays en mesure de formuler un idéal commun traversera encore son œuvre jusqu'à la fin, jusqu'à son dernier et magistral roman, *Just Above my Head (Harlem Quartet)*, publié en 1979 et traduit en français juste avant sa mort à Saint-Paul-de-Vence, en France, en 1987. Comme une boucle fermée, un achèvement dans le même souffle et la même souffrance que lorsqu'il publiait son tout premier roman, *Go Tell It on the Mountain (La Conversion)*, en 1953, estimant qu'il devait vider là son abcès le plus douloureux, en finir avec les chagrins légués par son père... son *Harlem Quartet* final[13] n'aura rien perdu du désespoir, de l'attente, frénétique, douloureuse, d'une vraie *rencontre* avec un père plus aimant, du rêve d'une ère plus juste, dans laquelle le Noir passerait enfin du statut d'être vivant à celui d'être humain. Que dirait Baldwin aujourd'hui, à l'heure où l'Amérique africaine-américaine continue de réclamer justice pour ses enfants tués par la police ? Toute une œuvre, toute cette énergie vitale insufflée à l'histoire littéraire et politique de son pays, pour ça ? Qu'écrirait-il, l'homme à la révolte maîtrisée ? Celui qui estima, un jour de 1962, que « Les sociétés ignorent toujours que la guerre menée par un artiste contre elles est une guerre d'homme amoureux et qu'il fait, de son mieux, ce que font les hommes amoureux. À savoir révéler l'être aimé à lui-même, et, grâce à cette révélation, rendre réelle la possibilité de liberté[14] ».

James Baldwin, dans son appartement, New York, 1er juin 1972. Photographié par Jack Manning pour le *New York Times*.

Manifestation contre l'admission de neufs élèves afro-américains au lycée de Little Rock (Arkansas), 1959.

TOP
RACE
XING
CH OF
HE
HRIST
RACE
MIXING
IS
COMMUNIS

John Maxwell Coetzee

Obstinée conscience

« Sans syntaxe, pas d'émotion durable. L'immortalité est une fonction du grammairien. »

Fernando Pessoa, *O Livro do desassossego por Bernardo Soares*, 1982, trad. fr. *Le Livre de l'intranquillité*, Paris, Christian Bourgeois, 1989.

C'est toujours la même chose, avec Coetzee. Toujours le même choc. Une rectitude, une droiture. L'impossible laisser-aller, l'alerte. Un auteur qu'on lit en se redressant, sinon physiquement, au moins intérieurement, tant, dès les premiers mots de chacun de ses livres, on sait l'affaire sérieuse, presque sèche. À la fois sensible et sans affect. Une intensité sûre, compacte. Là. Comme un noyau irradiant sa puissance nucléaire sous le couvert d'une épaisse coque grise et sans aspérités, galet sans âme roulant au milieu de milliers de ses semblables, entrechocs, errance itérative dans l'implacable sac et ressac du flot sale d'une société viciée par une haine épaisse. Lassant tic-tac d'une horloge ancestrale au silence d'une maison tombeau, dans le veld morose, tristesse assommante de l'alcool damné, désert, fermiers afrikaners écrasés par la charge de travail, poids des habitudes et d'une stratification non interrogeable, non interrogée. À quoi bon, puisque les choses nous endorment si bien ainsi, à quoi bon, puisque dès la toute petite enfance, à l'école, à la télévision, dans le voisinage, à l'église, au temple, on vous enseigne qu'ainsi va le quotidien. Le pays prospère, riche de ses sols et sous-sols aurifères en diable et dotés de pépites de diamants par millions, un de ces pays dont les affaires avec le reste du monde, lucratives pour tous, ne sauraient s'embarrasser de considérations humaines. Il y a la race des seigneurs, les Blancs, tout en haut d'une pyramide de sable pour le moment humide, dure, mais bientôt asséchée et friable ; et il y a trois autres strates, les Noirs, les métis, les Indiens, desquelles on peut être sorti à la faveur d'un nouveau règlement, promu ou dégradé au gré des caprices du Blanc tout-puissant régnant sur ses semblables et, à travers eux, sur toutes les composantes d'une société à l'écart du monde. Il y a cette situation grotesque qui fait cohabiter bourreaux et victimes, les premiers faisant mine d'ignorer jusqu'à l'existence des seconds, n'en parlant pas, ne les voyant pas, ne leur adressant la parole que contraints, indirectement, le regard perdu haut, loin au-dessus de l'épaule de l'être noir leur faisant face, mais qui pourtant respirent le même air. Ainsi du voisinage de la prison de Pollsmoor, érigée en 1964 dans un

John Maxwell Coetzee, lors d'un festival littéraire à Rome, 22 juin 2004. Photographié par Tiziana Fabi.

Remise du prix Nobel de littérature à John Maxwell Coetzee par le roi de Suède, Charles XVI Gustave, Stockholm, 10 décembre 2003. Photographiée par Henrik Montgomery.

no man's land de la banlieue du Cap, mais que la population agglomérée par vagues aux lieux les plus pourvoyeurs d'emploi entoure désormais, ou plutôt contourne, dans ce quartier « aux maisons bien alignées, d'où sortent chaque matin des citoyens modèles (devenue) une anomalie dans le paysage[1] », un bâtiment que Coetzee décrit comme « le goulag sud-africain (dressant) sa silhouette obscène au beau milieu des banlieues blanches ». L'air que ces Blancs respirent, écrit encore Coetzee, est donc « passé par les poumons de mécréants et de criminels ». Et l'auteur de jeter négligemment, comme un simple pense-bête : « À développer : les fourgons cellulaires qui passent par Tokay Road pour aller vers les tribunaux ; des visages entrevus, des doigts accrochés au grillage des fenêtres (…) où se lit tantôt le défi, tantôt le désespoir. »

Invisibles, ces prisonniers, ces visages, ces doigts accrochés au grillage ? Invisibles, ces yeux colériques, indignés, la souffrance, immense, l'arrachement aux leurs, les injustices, l'amertume expirée de millions de poitrines pourtant écrasées sur l'enclume… ? Invisibles, vraiment ? Mais cette peur, alors ? L'effroi moite, à l'approche de *l'autre,* le réflexe, le raidissement ? Mais, alors, la brutalité de la confrontation – « "Je vous connais", dit-il d'un air menaçant. Le garçon ne semble pas être étonné. Au contraire, on dirait qu'il n'attendait que ça, qu'il réservait ses forces en vue de la confrontation. La voix qui lui sort de la gorge est presque étouffée par la rage. "Qui êtes-vous ?" dit-il. Mais ce que disent les mots, c'est autre chose : de quel droit êtes-vous ici ? Tout son corps n'irradie que violence[2] » ? Mais, alors, le viol, conçu, post-apartheid, par celles-là mêmes des Blanches qui le subissent dans l'œuvre de Coetzee comme une expiation légitimée ? Mais, alors, la méprise initiale de « ceux qui avaient échafaudé le rêve d'un ordre public à la sud-africaine, qui avaient mis en place le vaste système des réserves de main-d'œuvre, des passeports pour circuler dans le pays, des townships satellites des villes, avaient fondé leur vision sur une tragique erreur de lecture de l'histoire[3] » ? Mais, alors, cet enfant qu'on bat – « Il y a toujours, quelque part, un enfant qu'on bat. Je pense à quelqu'un qui, malgré son âge, était encore une enfant ; qu'on a amenée ici, et blessée sous les yeux de son père ; qui l'a regardé, lui, subir toutes ces humiliations, devant elle, et qui a vu aussi qu'il savait ce qu'elle voyait[4] » ?

Chez Coetzee, à qui on reprocha si injustement de ne pas assez parler de la réelle violence de son pays alors que chacun de ses mots en est l'expression, le lecteur croit glisser sur des personnages et des situations vides de sentiments, n'étaient l'ennui, la réclusion, l'apartheid intérieur rendant l'autre, le différent de peau, de toute façon inaccessible, incompris, menace implicite. Or, qu'il chemine aux côtés d'un misanthrope ni aimable, ni aimant, incapable de relation sincère à l'autre, qu'il s'étonne devant la malice d'un enfant déjà manipulateur, ne s'appliquant à l'école que par peur de l'humiliation d'un châtiment dont la perversité interroge – quelle pensée laide peut germer dans l'esprit qui conçoit pour le cancre une punition consistant à lui fouetter le postérieur, offert au vu et su du reste de la classe, après qu'on aura demandé à l'élève de se pencher en avant, jambes droites, au point de se toucher les pieds? – ou qu'il soit cet homme adulte, double de l'écrivain dans ses récits à l'autobiographie trompeuse, qui se demande, lui qui est parti, au vrai, vivre en Australie, s'il existe « un endroit au monde où se cacher pour ne pas se sentir souillé[5] ? », ce que le lecteur contemple entre les lignes, parfois sans même le savoir, ce sont les rets, les contours, les desseins de ce pays qui fit de chacun, étranger ou autochtone, un être au fond plus ébranlé par la semblance de l'autre que par sa différence. Effarante similarité, soudain mise au jour par le Magistrat, personnage central d'*En attendant les barbares*, prenant enfin conscience de ses responsabilités de protecteur, qui osera abolir les frontières entre sauvages et civilisés, entre exclus et inclus, lequel, pour avoir ainsi osé mélanger deux entités réputées étanches l'une face à l'autre, se verra jeté à bas de son piédestal, humilié, frappé. En relatant la flétrissure infligée à l'un, n'est-ce pas le portrait de tous les autres que dessine Coetzee ? Quand il évoque : « Jamais lavée ni pansée, la blessure de ma joue est enflée et enflammée. Elle s'est recouverte d'une croûte semblable à une grosse chenille. Mon œil gauche n'est qu'une fente, mon nez une masse informe parcourue d'élancements. Je suis forcé de respirer par la bouche[6] », n'est-ce pas tout un pays qu'il décrit ?

Coetzee, né huit ans avant l'instauration de l'apartheid, fils et petits-fils d'afrikaners, se voyant instiller, à son corps défendant, le poison de la supériorité, la haine atavique ; Coetzee refusant toujours de commenter ses livres, comme si ce mutisme complétait la pudeur de son écriture, l'un négatif de l'autre, silence

« JE CROIS QUE LES AUTEURS, ET EN PARTICULIER LES AUTEURS DE FICTION LITTÉRAIRE, NE SE RENDENT PAS SERVICE À EUX-MÊMES EN COMMENTANT LEURS PROPRES ŒUVRES. »

J. M. Coetzee, « Entretien avec J. M. Coetzee, le prix Nobel qui n'aime pas les entretiens », *Le Nouvel Observateur*, 12 septembre 2013.

répondant à la prudente exposition des mots, juxtaposition des fragments d'un tourment ne le laissant jamais tranquille ; Coetzee écrivant, à propos de celui qui pourrait être lui-même, « L'Afrique du Sud est comme un albatros accroché à son cou. Il veut qu'on le lui enlève, comment, il s'en moque, pour lui permettre de respirer enfin[7] », indifférent à l'histoire du peuple sien et des déflagrations labourant sa terre natale ?

Lire Coetzee comme on s'émerveille, à l'écoute de Rameau, devant la grâce de l'épure. Lire Coetzee et se voir bouleversé, comme dans la maison d'Erri De Luca, par le génie sûr d'une expression des plus dépouillées, économie de mots, phrases courtes, réduites à l'intrinsèque force du vocable idoine. Ni fioritures, ni emportements, ni volonté d'imprimer un « souffle », mais la justesse du propos et l'incision nette, pointe de la lame glissant jusqu'au cœur de celui qui lit. En quelques mots, basculer du neutre à l'extrême, d'un morne quotidien à la sauvagerie meurtrière, de la violence inscrite, héréditaire, battement de métronome, au jaillissement d'une furie dévastatrice. Une adolescente frustre, « de celles qui restent dans leurs chambres, à lire, à écrire, à lutter contre la migraine[8] » au plus fort d'un huis clos incestueux avec son père, voit arriver sa future belle-mère et la scrute entre les persiennes : « une femme bien bâtie aux poignets fins, aux longs doigts potelés et fuselés, qui jouit de ce qu'elle mange ». Un jeune garçon, tyran domestique, s'ébroue, tentant de se dégager de l'emprise maternelle : « Son abnégation, son amour aveugle, total, pour lui et son frère, mais pour lui en particulier, le met mal à l'aise. Il voudrait qu'elle ne l'aime pas tant. Elle l'aime de façon absolue, il faudrait donc qu'il l'aime de façon absolue : voilà la logique qu'elle lui impose. Jamais il ne pourra la payer de retour par ces torrents d'amour qu'elle déverse sur lui[9]. »

Et toujours, et chaque fois, la solitude des êtres. En eux-mêmes, face au combat, passant à côté de l'autre, quel qu'il soit. Tant de non-dits, tous ces fantômes, tout l'implicite d'une société édifiée sur la haine de soi à travers celle de l'autre, et l'indicible de son injustice endémique : reconnaître la violence, nommer l'inique, c'est devoir s'interroger sur sa propre docilité face au système, c'est devoir rendre des comptes à sa propre conscience sur le sens de sa conduite mais aussi sur celle de ses ascendants. Voir l'autre, lui accorder le bénéfice de l'humanité, c'est devoir s'interroger sur ses propres dispositions à l'écraser et sur les ressorts sauvages qui ont permis l'instauration d'une telle lâcheté en gouvernance d'une nation. Or, lever la gaze putride, révéler les coutures défaillantes d'une mauvaise cicatrice et ses suppurations, la confronter à la blancheur assassine d'un soleil haut, ouvrir encore la plaie, en retourner les lèvres pour mieux l'élargir, fouiller jusqu'en ses tréfonds et en extraire les vers un à un, dire la complexité sans complaisance, ni à l'égard des bourreaux, ni à celui des victimes, rarement saintes, ni à l'égard des pleutres, ni à celui des *justes* parés de leurs aspirations mais n'en dévalant pas moins la pente de l'indignité, voilà l'offrande de Coetzee à l'histoire de son pays et à celle du monde. L'être pur n'existe pas, qui rachèterait l'humanité, et quand bien même il serait le porteur inconscient de la droiture d'âme qui rend lucide et incite à refuser l'horreur du système, il ne saurait la mettre en œuvre sans résister à tous les moyens de l'existant, de l'entour, du hasard pour le contraindre à dévoiler faillites et petitesses. Alors, dans les pas de Coetzee, s'attacher à ceux de personnages fragiles, vils, craintifs, odieux profiteurs, jeunes violeurs, prétendus sauveurs, débiles maltraités, et avec eux se récrier, avec eux trembler, avec eux frissonner et réprimer un sanglot, quand seule la lumière pâle d'un Michael K nous conserve l'espoir d'une dignité, malgré la folie collective d'un pays où « Maintenant, ils ont des camps pour les enfants dont les parents sont partis, des camps pour les agités qui ont l'écume aux lèvres, des camps pour les gens qui ont de grosses têtes et pour ceux qui ont de petites têtes, des camps pour les gens sans moyens de subsistance apparents, des camps pour les gens qu'ils trouvent installés dans les déversoirs d'orage, des camps pour les filles des rues, des camps pour les gens qui ont oublié leurs papiers à la maison, des camps pour les gens qui vivent dans les montagnes et font sauter les ponts la nuit. Peut-être, en vérité, est-ce suffisant d'avoir échappé aux camps. De n'être dans aucun de tous ces camps. Peut-être cela représente-t-il, pour le moment, une réussite suffisante. Combien de gens reste-t-il qui ne soient ni enfermés, ni chargés de surveiller la porte[10] ? » Et Mickael K d'ajouter : « j'ai échappé aux camps, si je fais attention à ne pas trop me montrer, peut-être que j'échapperai aussi à la charité. »

Davi Kopenawa Yanomami

L'esprit-guêpe

« Cet homme est une nation ! »

Alphonse de Lamartine, *Toussaint Louverture*, [1842] 1850, acte III, scène 8.

Davi Kopenawa Yanomami, 2002. Photographié par Raymond Depardon.

Il y a une lassitude, dans l'œil. Résignation du guerrier fatigué, découragement après plus de quarante années de lutte, ou sagesse de l'âge ? Comme un éclat de lance brisée dans le regard de celui qu'on croyait sans relâche au combat. Il n'est pas peint en noir, il ne part pas en guerre. Il vous jauge, dans son tee-shirt occidental frappé du slogan d'une association humanitaire, l'épaule voûtée, rendu presque muet par le désarroi. Davi Kopenawa Yanomami le dit dans un souffle : « nos fils ne voudront plus être yanomami. » Ils ne veulent plus se marier, ils ne veulent plus pêcher, ni chasser, ni cultiver. Ils préfèrent les téléphones portables… Pas de sanglot dissimulé au secret de la voix, mais cette accablante fatigue devant l'inévitable. Pourtant, il s'est battu. Longtemps.

Lui, natif de Maracanã, près de la frontière entre le nord du Brésil et le sud du Venezuela, en plein *nannan* de la forêt amazonienne, sur une terre tambourinant au rythme des fleuves Orénoque au nord, Rio Branco à l'est, Rio Negro à l'ouest et leurs dizaines de fleuves petits frères, leurs centaines de rivières petites sœurs dessinant joyeusement les méandres d'un territoire que le peuple des « terres des sources », réputé seul sous ses arbres, dans ses montagnes et le long de ses cours d'eaux, ne pensait jamais se voir disputer. Lui, guerrier yanomami, descendant de ces nouveaux hommes façonnés par Omama, le découvreur de l'eau, créateur de la Terre, de la forêt, du vent, des fruits poussant sur les arbres. Omama, le premier sage à avoir pris femme, ou plutôt à avoir pêché, ô miracle ! un être-poisson à l'apparence de femme, sa femme, Paonakare, du vagin de laquelle naquit l'humanité qui a pour nom Yanomami, la « femme des eaux », celle qui fit de lui le père du premier enfant issu non plus du mollet de son frère Yoasi, mais descendu depuis le ventre de la mère-poisson jusque sur le sol de la forêt des anciens. Celle aussi grâce à qui furent créés les *xapiri,* espiègles anges gardiens, toujours présents mais se dérobant à l'œil de celui qui ne pense pas « droit », chargés de prévenir le malheur et de guérir les fils et les gendres d'Omama des maladies, voire de la mort, dispensées par Yoasi, néfaste négatif qui instilla chez l'homme le poison de la vulnérabilité quand le créateur l'aurait voulu indestructible

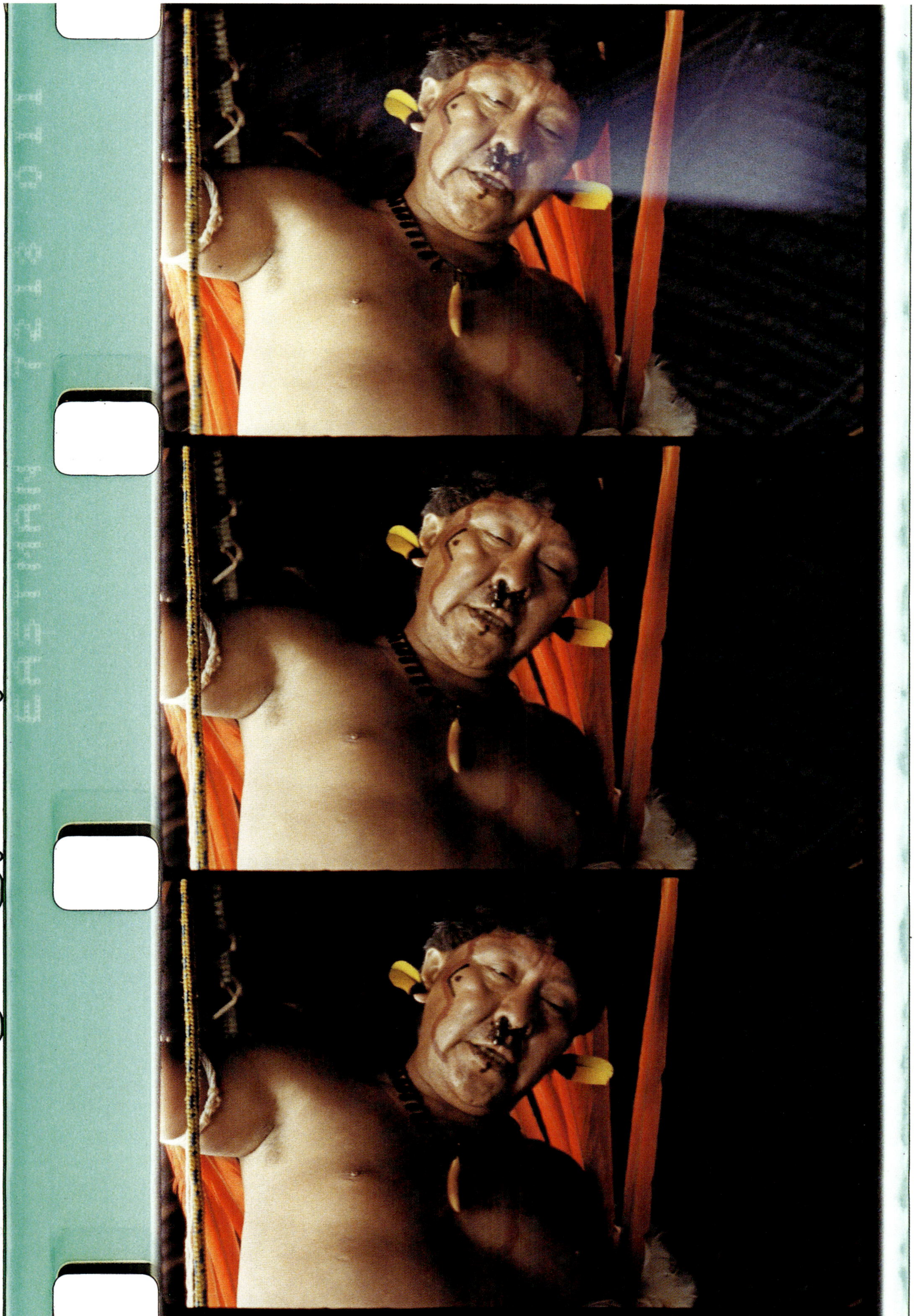

Claudia Andujar,
Yanomami, série
O Invisível, 1976.
Photographie,
97 × 66 cm.

et immortel. Mais Omama ne songea pas à parer les trahisons d'un mauvais frère. Il était déjà bien trop occupé à réorganiser l'univers – fatigué par les incessantes métamorphoses des êtres-animaux, ceux d'avant les hommes, décidé à les fixer dans une forme et à les déterminer gibier –, et tout entier à la reconstruction du ciel après que celui-ci se fut effondré sur la forêt fragile, parsemant la Terre de montagnes destinées à la retenir en cas de vents tempétueux...

Aussi lui, le chaman Davi, comme tous les autres chamans avant lui, gardien des paroles d'Omama ces paroles qui « demeureront toujours dans notre pensée [...], [qui] ne peuvent être ni détrempées ni brûlées [...], [qui] seront toujours aussi neuves et fortes[1] », s'est vu confier pour mission de seconder les *xapiri*, devenus ses familiers êtres-esprits parés de miroirs et d'atours chatoyants, rieurs sous cape, protecteurs dévoués, invisibles à l'œil blanc, tout en puisant, au jaillissement de leur sagesse, sa résistance aux forces du mal. Dès que, tout jeune adulte, il se mit à « penser droit », il cessa de vouloir ressembler aux Blancs, ceux-là mêmes qui l'avaient baptisé Davi – « un nom clair que l'on ne peut malmener[2] » –, les missionnaires qui entendaient lui inculquer les principes d'un Dieu si différent des *xapiri*, un Dieu exclusivement punitif dont on lui promettait sans cesse l'apparition sur Terre, incapable cependant de les protéger, lui et son peuple, de la rougeole, des grippes, de la malaria, de la mort, ni même de la tentation du facile et encore moins des prédateurs *garimpeiros*, mangeurs de terre ; dès qu'il prit femme en la personne de Fatima, fille d'un « grand homme », chaman le plus ancien et le plus respecté de sa communauté, et que

celui-ci lui eut transmis l'art de la convocation des esprits de la forêt, au pied de Watoriki, la montagne des Vents, Davi sut que le reste de son passage sur la terre striée de *roucou* serait dédié à la défense du legs d'Omama, à la lutte contre les descendants de Yoasi et leurs fumées d'épidémies.

Il avait déjà compris cependant, petit garçon encore, en voyant se découper leurs silhouettes, alors qu'ils approchaient de sa maison commune, à l'orée des années 1960, et alors que les deux cents personnes qu'elle abritait n'avaient jamais entendu parler d'êtres aux cheveux filasses, à la peau claire, presque translucide, aux yeux couleur de l'aube, il avait déjà compris, Davi, lui qui n'est « pas né

Claudia Andujar,
Sans titre, 1983.
Photographie,
99 × 108 cm.

sur une terre sans arbres. [Dont la] chair ne provient pas du sperme d'un Blanc. [Fils] des habitants des hautes terres, tombé sur le sol depuis le vagin d'une femme yanomami[3] », humble poussière d'Omama, il avait perçu d'emblée la menace des destructions et des ravages. Encore enfant, déjà rendu orphelin par les maladies des Blancs – elles décimèrent une grande partie de sa famille et de sa tribu –, il vit aussi arriver les traceurs de frontière, les agents du service de protection des Indiens n'ayant de « protecteurs » que le nom, les pelleteuses de la Perimetral Norte destinées à percer une voie transversale dans la forêt amazonienne. Le projet, pharaonique, jamais mené, mais qui marquait, dans les années 1970, les premières grandes déforestations, puis surtout, au début des années 1980, le déferlement d'une plaie supplémentaire, nuée de sauterelles dévastant un champ fécond, les chercheurs d'or, enragés, par dizaines de milliers, leurs fusils, leurs marchés de dupes, leur alcool, leurs machines infernales et leur mercure empoisonnant l'air, les sols, les eaux des rivières, la panse des poissons et la moindre récolte : « Ils recherchaient frénétiquement une chose maléfique dont nous n'avions jamais entendu parler et dont ils répétaient le nom sans arrêt : *oru,* l'or. Ils se mirent à fouir la terre en tous sens comme des hardes de pécaris. Ils salirent les rivières de bourbes jaunâtres et les enfumèrent avec l'épidémie *xawara*[4] de leurs machines[5]. » Contre ces orpailleurs meurtriers de la terre, des eaux et des forêts, assassins des autochtones, il lui fallut la force et la colère, celle transmise par les guêpes et les fourmis qui avaient étanché leur soif au sang du grand guerrier Arowë. De cet esprit-guêpe, il tira son nom, Kopenawa. Il lui fallut le breuvage de poudre de *yãkoana*[6] préparé par son beau-père chaman, descendant dans son sang et le galvanisant, lui rendant les *xapiri* encore plus scintillants, et il n'eut plus peur d'affronter les fusils de l'adversaire. La cause valait le risque : « Les Blancs ne doivent pas penser que nous sommes courageux sans motif. C'est à Arowë que nous devons notre vaillance[7] ».

Dix années de combat, de mobilisation mondiale, de harcèlement face au gouvernement brésilien, de signal d'alarme claironné aux oreilles des institutions internationales – « lorsque les gens de loin nous connaissent et parlent de nous, les gens de près hésitent à nous détruire[8] » –, de discours à la tribune de l'ONU, plusieurs prix prestigieux pour sa défense de l'environnement et celle des peuples traditionnels permirent au chaman esprit-guêpe d'obtenir, en 1992, le départ, au moins dans les textes, des orpailleurs « mangeurs de terre » et la reconnaissance d'une « Terra Indígena Yanomami ». Un territoire censément inviolable, de 92 000 kilomètres carrés au nord du Brésil et presque autant au sud de Venezuela, sur lequel devaient vivre en paix, et selon leurs principes ancestraux hermétiques aux attributs d'aujourd'hui, environ 30 000 Indiens.

« LES BLANCS DORMENT SANS RÊVES, COMME DES HACHES ABANDONNÉES SUR LE SOL D'UNE MAISON. »

Davi Kopenawa, Bruce Albert, *La Chute du ciel. Paroles d'un chaman yanomami,* 2010.

Las, c'était sans compter avec l'appétit des vendeurs d'or, celui des compagnies minières, des promoteurs d'agrocarburants, planteurs acharnés de canne à sucre, exportateurs d'huile de palme, défricheurs en chef, non plus qu'avec la production mondiale de viande et la transmutation de toujours plus de territoire en pâturages, ni la corruption de gouvernants désinvoltes plus préoccupés par la création artificielle de milliers d'emplois que par la sauvegarde de l'origine de l'homme, c'était oublier aussi que « le sort de certains groupes de populations, voire de pays tout entiers, peut ainsi dépendre de la folle sarabande spéculative et solipsiste du Capital, qui poursuit ses objectifs de profit dans l'indifférence totale des conséquences de son action sur la réalité sociale[9] ». Au vrai, que signifient-ils, dans la tête et le cœur des politiciens, de ceux qui décident ? Ici 30 000 Yanomami, là quelques milliers de Roani, d'Arara, de Kayapo, d'Asurini, d'Araweté..., soit moins de 1 million de personnes dispersées sous des arbres, attachées à l'héritage de siècles d'harmonie avec la nature, face à 200 millions de Brésiliens avides de modernité qui, eux, votent ?

Comment faire le poids, devant la sinistre puissance du rire masticateur d'une époque insatiable, les lumières clinquantes d'écrans aujourd'hui omniprésents, demain omniscients, le clignotement à la fois agressif et allègre d'existences masquant le vertige et les peurs par une frénésie dépourvue de cap mais peuplée de petits cris, d'exclamations grimaçantes, courir, toujours courir ? Quelles chances de l'emporter, pour des hommes nus peints en noir, animés de la seule foi en leur vision du monde, munis d'arcs et de flèches, dormant dans des hamacs, vivant de la pêche et de leurs jardins potagers, dressés fiers devant des milices armées de fusils et de revolvers au volant de voitures puissantes et de tracteurs dotés de mâchoires, lesquelles milices réduisent les adversaires hommes à la mendicité et leurs femmes à la prostitution, pratiquent le viol, le meurtre, la torture et les massacres. Impunis, ces dizaines de milliers d'hommes aveuglés par la cupidité s'enfonçant toujours plus loin en des terres ne leur appartenant pas, avant que, surgis de leur sillage, n'arrivent, très officiellement et par les routes désormais ouvertes, des milliers de travailleurs contents de pouvoir rapporter une paye à la maison, engagés sur des chantiers gigantesques comme celui du barrage hydraulique de Belo Monte, sur le fleuve Xingu, contre lequel, aux côtés des Indiens, se battait la gauche alors dans l'opposition, mais pour lequel, arrivés au pouvoir, Luiz Inácio Lula da Silva et Dilma Rousseff ont rapidement délivré les autorisations assurant la relance des travaux ? Belo Monte, troisième plus grand barrage du monde, plus de 500 kilomètres carrés de terres inondées, un projet qui fait

l'orgueil du pays, crée des dizaines de milliers d'emplois, et contre lequel près de trente ans de combat engagé par les tribus les plus menacées n'auront pas suffi. Qu'importe si elles s'éteignent, pourvu que le pays garde son rang de septième puissance mondiale…
Le Brésil n'est plus une dictature. Le Brésil est une démocratie, dans laquelle les intérêts des peuples premiers, leurs droits fondamentaux sont bafoués, de façon systématique. Et habile. Car comment riposter et convaincre encore les siens quand on est un leader des esprits de la forêt, tandis que les anciens tombent comme des mouches, que la faim fait son apparition dans le ventre des enfants, que les lumières chamarrées de la ville semblent si proches, que l'alcool sème le doute, que pour acheter la paix, les gouvernements successifs alternent répression meurtrière et lots de consolation – un dispensaire, des vêtements neufs, la promesse d'écoles et de distribution de vivres, une moto et un hamac, pour pallier les rivières polluées, pour compenser les ravages d'un nouveau virus –? Comment secouer toutes les consciences, celles qui corrompent et celles qui se laissent corrompre – une télévision, une cahute avec des murs, un faux emploi –, pour que cesse la consternation de tribus yanomami en décrépitude, à la dérive, ne sacrifiant plus à leurs rites mais attendant l'assistance de ceux-là mêmes qui les détroussent ? Misère, perte de repères, dénuement, chômage… mais télévision, scooters, téléphones, allocations : « nous n'aurons plus de Yanomami.» S'adapter ou périr, il ne voulait pas s'y résigner. Davi Kopenawa a donc ajouté Yanomami à son nom de famille, pour nous tenir en éveil, nous rappeler qu'il est ce fils d'Omama, cet être originel venu tourmenter nos consciences de fils et de gendres de Yoasi.

Kopenawa Yanomami a lutté, il a enrôlé, il a remporté des victoires et réussi, malgré les meurtres, les « fumées d'épidémies », la tentation du troc permanent, à perpétuer pendant plus de quarante ans de veille intransigeante les traditions du peuple des sources et des terres hautes. La forêt n'est pas un ensemble mort, silencieux, posé là par hasard, tente-t-il de convaincre. Car contrairement à ce qu'écrivait Alexis de Tocqueville en 1831, d'une autre forêt non moins luxuriante, la forêt nord-américaine, livrée à d'autres chamans indiens, son silence n'est qu'apparence… « Tout rentre alors autour de vous dans un silence si profond, une immobilité si complète, que l'âme se sent pénétrée d'une sorte de terreur religieuse ; le voyageur s'arrête, il regarde […] : On dirait que sur l'ordre d'un pouvoir surnaturel, le mouvement s'est subitement arrêté […]. Il écoute, il retient sa respiration avec crainte pour mieux saisir le moindre retentissement de l'existence ; aucun son, aucun murmure ne

Davi Kopenawa Yanomami, devant le palais du Parlement, Londres, 10 juin 2009.

parviennent jusqu'à lui[10].» Or il y a moyen de tout entendre de cette forêt, de communier avec, de percevoir le crissement d'une patte de scarabée abandonnant sa feuille pour une autre. À condition de se rendre mentalement disponible. Ce que, d'après Davi, les Blancs ne savent pas faire, car « leur esprit est embrouillé et assombri [...]. Ils n'écoutent, dans la ville, que les bruits de leurs avions, de leurs voitures, de leurs radios, leurs télévisions, leurs machines [...]. Ils dorment sans rêves, comme des haches abandonnées sur le sol d'une maison[11] ». Et pourtant, nous devons changer. Être à l'écoute, arracher les oripeaux d'une vie jamais rassasiée de biens matériels, fermer la porte sur une existence sans rêves ni profondeur, car la forêt n'est pas seulement le poumon, le biotope et la terre nourricière des Indiens d'Amazonie. Elle est ce qui nous unit, elle est celle dont nous tous, Indiens ou Blancs, dépendons.

C'est d'ailleurs ce à quoi nous exhortent, en vain, les porte-parole de tous les peuples sur le point de mourir. D'où qu'ils soient. Ainsi de cet Indien Navajo, medicine-man, qui convoque, pour guérir ses patients, les « êtres sacrés » et rappelle que « tout marche par paires ou par paires de paires ; la vie et la mort, le jour et la nuit, les quatre points cardinaux, les quatre saisons, les quatre pages de la vie, les quatre montagnes sacrées, deux montagnes mâles, deux montagnes femelles [...], c'est la même chose dans l'univers avec le ciel père et la terre mère[12] ». La forêt est vivante, nous répète le chaman à l'esprit-guêpe rassasié du sang du guerrier Arowë, mais si nous la laissons mourir, aucune autre ne la remplacera et nous mourrons avec, Blancs ou pas. Le combat est-il perdu d'avance ? Il valait la peine d'être mené.

Davi Kopenawa Yanomami continuera, lui, de raconter aux enfants de ses petits-enfants que l'être-lune, Poripori, a été créé par Yoasi, et que « C'est pourquoi il ne cesse lui aussi de mourir. Poripori est un homme qui voyage toutes les nuits à travers l'immensité du ciel, assis dans sa pirogue comme dans une sorte d'avion. Il est d'abord un jeune homme, mais, jour après jour, il vieillit de plus en plus. À la fin de son périple, il est devenu émacié et ses cheveux ont blanchi. Puis il finit par mourir. Alors, ses filles le pleurent sans répit en compagnie des esprits toucan. Leurs larmes deviennent de fortes pluies qui tombent longuement sur la forêt. Après un temps, une fois le corps de leur père décomposé, elles rassemblent ses ossements avec soin. Alors, ils éclosent de nouveau et Poripori revient à la vie. C'est ainsi[13] ».

Activités minières illégales sur le territoire des Indiens yanomami à Paapiu (Brésil), 1er octobre 2010. Photographie par Ricardo Funari.

Mohamed Ali

No Vietcong ever called me Nigger

« White people only. »

Quand l'Amérique était ségréguée.

À quoi pense-t-il en ce jour de juillet 1996, stature massive et fragilité de brindille à la fois ? Majesté intimidante et bouleversante frénésie dans le même être ? À quoi pense-t-il quand monte la clameur de dizaines de milliers de poitrines à l'énoncé de son nom, tandis – il le sait – que du monde entier, des milliards de paires d'yeux le contemplent, paupières humides, et autant de gorges nouées ? Lui, *the Greatest*. Lui, le triple champion du monde de la catégorie la plus prestigieuse, celle des « dinosaures », selon le mot d'un entraîneur révérend croisé un soir de doute, en 1958, quand Mohamed Ali était encore Cassius Clay, un jeune amateur, un poids moyen en pleine construction de sa masse musculaire, de sa résistance à l'effort, à la recherche de conseils et tâchant de se faire des amis parmi les poids lourds. « Les poids lourds sont des prédateurs maladroits, tellement concentrés sur l'idée de dévorer les autres dinosaures, qu'ils sont aussi craints que le *Tyrannosaurus Rex*, mais, comme le roi des dinosaures, leur concentration permanente et leur étroitesse d'esprit les mettent en danger d'extinction. Les poids lourds n'hibernent pas ensemble. Courir ensemble, jouer ensemble, être potes… les dinosaures ne font pas cela. C'est contre les lois de la Nature. Tout le monde a des copains, je sais. Mais pas les dinosaures. Le dinosaure est différent. Il a son propre univers. Sa propre foule […]. Les dinosaures sont des démons de proie [1] ». Lui, l'homme noir craint, adulé, admiré sur toute la planète, dans un temps où un bon Noir était un Noir invisible, rasant les murs, courbant l'échine, sourire reconnaissant aux lèvres, yeux écarquillés et pupilles tournant dans leurs orbites pour mieux répondre aux stéréotypes, s'il ne se trémoussait pas au bout d'une corde, agité par les ruades de la vie l'abandonnant, s'il n'était pas assassiné parce que devenu un leader d'opinion dangereux, ou, à l'âge de quatorze ans, léger déficient mental, passé à tabac, défiguré, massacré, battu jusqu'à ce que mort s'ensuive, au simple motif d'avoir « convoité » une Blanche, ou de lui avoir fait du gringue ? À quoi pense Mohamed Ali, né Cassius Marcellus Clay Jr., porteur du nom de son père, mais aussi de celui d'un aristocrate blanc, possesseur d'esclaves et grand abolitionniste, compagnon

Mohamed Ali posant devant l'Alvin Theatre (aujourd'hui Neil Simon Theatre) où est jouée la pièce *The Great White Hope*, de Howard Sackher, 1er octobre 1968. Photographié par Bob Gomel.

(OPENS OCT. 3 - PREVIEWS SEPT. 12-OCT. 2)
THE GREAT
WHITE HOPE

POST
OU
KY

de route d'Abraham Lincoln qui consacra une partie de sa vie à la lutte pour l'émancipation des Africains-Américains mais ne cessa de penser et de professer que la « race blanche » était, par nature, supérieure à la « race noire », et qu'en dépit de tous les efforts imaginables, jamais un homme noir et un homme blanc ne naîtraient ni ne grandiraient égaux en capacités ? Et voilà le jeune Cassius Clay découvrant que cet illustre homonyme, sur lequel ses enseignants, au collège, lui conseillaient de prendre exemple, n'était pas plus vertueux que le raciste commun dont la route avait si souvent croisé la sienne. Pourquoi, alors, continuer de porter ce nom, choisi par les maîtres pour s'assurer la propriété d'hommes ravalés au rang de marchandises ? Pourquoi accepter le legs de cette infamie, alors que lui, le champion olympique, lui, l'arrière-arrière-petit-fils d'esclave, natif de Louisville, Kentucky, famille pauvre mais pas misérable, lui, l'enfant instruit, la tête emplie de rêves, n'avait cessé, malgré le prestige d'une médaille d'or gagnée au nom de son pays, d'être refoulé de lieux publics n'acceptant pas les Noirs ? Pourquoi poursuivre cette comédie de la transmission, quand il voyait la vie de son propre père, peintre doué, réduite à la frustration d'un talent contrarié, rabaissé, nié du seul fait de la couleur de sa peau ? Quand, dans ce pays dont il fut si fier de défendre les couleurs, des hommes et des femmes, des garçonnets et des fillettes, des vieillards et des vieillardes étaient quotidiennement victimes de vexations, de violences ou de mépris, pour la seule raison qu'ils étaient nés, comme lui, noirs, ou métis ? Il allait faire comme l'un de ses héros, Malcom X, et se nommer Cassius X. Il allait pousser le combat politique et la foi du converti – à l'islam – jusqu'à changer de nom, et prendre celui d'un prophète, alors que la gloire mondiale s'offrait à lui. « *What's my name?* » Au lendemain de sa victoire sur Sonny Liston, le 26 février 1964, à peine décantée la joie explosive de son premier titre de champion du monde des poids lourds, il annonçait officiellement son entrée dans les rangs de la Nation of Islam et déclinait sa nouvelle identité. Mohamed Ali… Ce 19 juillet 1996, trente-six ans après être entré dans la légende en remportant, en 1960, aux jeux Olympiques de Rome, alors qu'il n'était âgé que de dix-huit ans, la médaille d'or des poids mi-lourds pour son pays, les États-Unis, Mohamed Ali se remémore-t-il tous les combats menés dans le ring et à la ville, sur les écrans de télévision et les tréteaux des meetings ? Songe-t-il à cette femme, bourgeoise blanche toujours vêtue de velours vert, distinguée, se détachant de la masse surexcitée des spectateurs, un soir, sur le chemin du retour vers les vestiaires, venue lui demander un autographe à l'issue d'un match et lui crachant à la figure qu'elle ne manquerait aucune de ses rencontres jusqu'à ce qu'elle le voie évacué sur une civière, car le diable

Cassius Clay, futur Mohamed Ali, adolescent, Louiseville (Kentucky).

ne l'emporterait pas éternellement… ? La même qui se contenta de passer, en voiture, l'air de rien, au bas des marches de la cour fédérale de justice de Houston, au Texas, ce 28 avril 1967, ne redémarrant que quand elle fut bien certaine qu'il l'avait vue, alors qu'une foule, massée sur le passage du champion, scandait des slogans hostiles à la guerre du Viêt Nam face à des groupes le conspuant : Ali venait confirmer devant un tribunal son refus d'être incorporé au sein des troupes américaines, considérant cet engagement contraire à sa religion et à ses principes. « Ma conscience m'empêche de m'attaquer à ces gens… d'aller les tuer. Je n'ai pas de raison de leur en vouloir… Les tuer pour quoi ? Je n'ai rien contre les Viêt-cong. Aucun Viêt-cong ne m'a jamais traité de sale Nègre… Aucun Viêt-cong ne m'a lynché, n'a lâché des chiens contre moi, ils n'ont pas voulu me déposséder de ma nationalité, aucun d'eux n'a violé ou tué mes enfants, ma mère ou mon père… Je n'irai pas les combattre, et vous pouvez me mettre en prison pour ça. » Après tout, ajoutait-il, « nous – *les Africains-Américains* – avons été en prison pendant quatre cents ans ». Ali le magnifique, l'insoumis, ce garçon insolent qui n'avait jamais cessé de prendre le contre-pied de son époque pour mieux la transformer, l'enfant marqué au fer rouge par le récit du calvaire, en 1955, du jeune Emmett Till, assassiné par trois Blancs du Mississippi bientôt acquittés, malgré des preuves accablantes, par un tribunal dont le jury fut composé uniquement de citoyens blancs, lui, le promoteur de la Nation of Islam aux côtés du très discutable Elijah Muhammad, le vrai humaniste, le défenseur des droits civiques pour tous, tiendrait tête à l'Oncle Sam. Malgré sa condamnation, pour refus de répondre à l'appel du drapeau, à cinq ans de prison – peine dont ses avocats réussirent, à force de recours, à lui éviter l'exécution –, 10 000 dollars d'amende, la confiscation de son passeport et surtout la perte de sa licence de boxeur, donc l'interdiction de boxer, même pour des exhibitions. Il ne plia jamais. Sûr, comme quand il montait sur le ring, que même s'il perdait quelques manches, à la fin, ce serait toujours lui le meilleur, le plus grand, le plus inspirant pour des millions de jeunes Noir-e-s américain-e-s. Cette condamnation et l'opprobre d'une partie de son pays, mais aussi les trois années de combat judiciaire et la décision, finalement, en 1971, de la Cour suprême américaine, de lui restituer sa licence, ses droits et sa liberté de conscience, y a-t-il pensé, même de façon fugace, au moment où la flamme de l'olympisme vacillant au bout de son bras en état de mutinerie se propageait jusqu'à la vasque pour illuminer le monde ?

Depuis 1982, soit son quarantième anniversaire, Mohamed Ali connaît le diagnostic : la maladie de Parkinson sera son pire adversaire. Celui contre lequel il ne pourra que reculer l'échéance, sans que sa volonté d'acier trempé ne le sauve du déclin, ne lui évite de perdre, d'année en année et bientôt de mois en mois, un peu plus de son autonomie, de sa capacité à s'exprimer. Même l'étincelle de rouerie disparaîtra de son regard. Si tôt, trop tôt. Lui, le roi du ring, l'homme au jeu de jambes unique au monde, le plus rapide des puncheurs, celui qui raconta à une assemblée de journalistes hilares qu'il était plus prompt à se coucher après avoir éteint le plafonnier de sa chambre que la lumière de l'ampoule à s'éteindre, celui qui se vantait d'asséner un direct et de replacer son poing pour le prochain coup en moins de quatre centièmes de seconde le temps de cligner des yeux, lui qui, pris dans les cordes, encaissait mieux que personne des directs au foie censés l'envoyer au tapis, des crochets en pleins flancs, sous les côtes, de ces coups qui vous font l'effet d'avoir été percuté par un train en marche, et qui trouvait encore un peu de souffle pour murmurer à son adversaire : « c'est donc tout ce que tu as dans le ventre ? Tout ce que tu peux donner ? » Lui, l'esprit vif dont l'intelligence, la répartie cinglante, le rapport au monde, la conscience de soi, le charme, l'humour et le sens du spectacle auraient fait, une fois les gants raccrochés et si la maladie ne lui avait mis la main au collet, un leader politique de haut vol… Ali le bateleur, Ali le premier slameur, grand improvisateur de poèmes hilarants, et sa scansion, le rythme de ses envolées, comme une verbalisation de la façon inimitable qu'il avait de danser sur le ring, chaloupe, sorcier, mystificateur. Vous le croyez fini, insuffisamment préparé, épuisé par les coups, sur le point de chanceler ? C'est le moment qu'il choisit pour gagner un match improbable. C'est l'instant magique où, lui-même à bout de force mais ne le reconnaissant jamais, il trouvera l'ouverture, une garde moins vigilante chez l'adversaire, un plexus solaire mal protégé, une esquive latérale hasardeuse qui lui permettra de frap-

Mohamed Ali, le meilleur autoproclamé, 1971.

Floyd Patterson, boxeur américain poids lourd, vaincu au 12e round par Mohamed Ali, à Las Vegas (Nevada), 22 novembre 1965.

Page de droite : Mohamed Ali à l'entraînement dans le gymnase de Chris Dundee, dans la 5e rue de Miami Beach (Floride), 1971. Photographié par Chris Smith.

per. Crochet du gauche démantibulant l'adversaire, uppercut du droit le cueillant au moment où l'on s'y attend le moins, direct au foie lui coupant souffle et jambes… « Ce qui fait la différence sur le ring, c'est ce dont on est capable une fois qu'on est fatigué. Il en va de même dans la vie. Ne vous laissez pas arrêter par ceux qui abandonnent quand ils se sentent mal, ceux qui désespèrent facilement, ceux que l'injustice et l'échec démoralisent […]. Si vous voulez gagner, votre volonté ne doit jamais fléchir, votre foi ne doit jamais faiblir, vous ne devez jamais cesser de vous battre[2]. » À quoi pense-t-il donc au moment d'allumer la vasque des jeux Olympiques d'Atlanta, le corps comme en tempête, bras tremblant et main peu sûre ? Le voir ainsi et se sentir chavirer d'émoi, le deviner tendu dans un effort de titan pour imposer à son corps le minimum d'obéissance nécessaire, quand on avait gardé de lui le souvenir de ses derniers combats, de ce visage, dans la nuit zaïroise du 30 octobre 1974, à l'œil droit fermé, à la pommette tuméfiée mais fixant la caméra pour vociférer à l'adresse de la planète, de tous ses détracteurs, de tous ceux qui avaient douté de lui, que oui, phœnix revenu de l'enfer du bannissement, il demeurait le plus grand champion du monde, le meilleur des boxeurs. Le plus innovant. Et peut-être le plus élégant, le plus sportif, mais cela, c'est son adversaire qui le dira de lui par la suite… Ali retient son poing, alors que Foreman vient de trébucher sous la violence des coups reçus, qu'il titube, met un genou en terre – tel le taureau succombant sous l'estocade – et s'effondre, le regard vague. Ali aurait pu conclure d'un dernier crochet du gauche. La flamme meurtrière du sportif sur le point d'accomplir son dessein passe dans son œil, la rage froide de l'animal irradie, dévastatrice, effrayante. La foule hurle « Tue-le ! Tue-le ! » La moiteur de la nuit, l'âpreté du combat qu'il vient de livrer, la somme des coups reçus, la fureur de la revanche, tout porte Ali à lâcher un dernier coup pour achever l'adversaire, et pourtant, il le retient, renonce – et ce geste se voit –, car il sait ce coup inutile, il sait la victoire acquise… Alors, pourquoi ajouter, à la défaite du boxeur adverse, l'humiliation ?

« WHAT'S MY NAME? »

Mohamed Ali affrontant Ernie Terrell, 6 février 1967.

Gil Mayers,
Mohamed Ali, 2005.

« À ce moment-là, dira de lui Foreman, j'ai compris qu'il n'était pas seulement un immense champion, mais qu'il était bien le plus grand des champions. Parce que n'importe qui d'autre m'aurait asséné ce dernier coup. » Pense-t-il à la lumière qui inonde le visage de dizaines d'enfants le suivant dans un joyeux footing improvisé, au petit matin, dans un quartier défavorisé de Kinshasa ? À ces fins de nuit au cours desquelles, lui encore, bien plus jeune, boxeur amateur, commençait son entraînement, courant sur des kilomètres par tous les temps, en toute saison et proclamant à l'épicier de la grand-rue qu'un jour, il serait champion du monde des poids lourds, quand l'homme serait propriétaire de son magasin ? Songe-t-il à la sidération qu'il ressentit en apprenant la mort de Malcom X, à l'abattement suivi de colère qui s'empara de lui au moment de celle de Martin Luther King. Entend-il les paroles de Nina Simone et sa supplique : « nous ne pouvons supporter d'autres pertes, nos cœurs déchirés ne peuvent se permettre d'autres disparitions… C'est notre mort qu'ils veulent, la nôtre à tous[3] » ?

En 1992, au cours d'une émission de télévision consacrée à Mohamed Ali pour son cinquantième anniversaire, et alors qu'une brochette de célébrités lui rendaient tour à tour hommage, ce fut la déclaration, filmée et enregistrée, de son vieux compagnon de route, le journaliste sportif, spécialiste de boxe, Howard Cosell qui remua la salle et, au-delà, des millions de téléspectateurs. Ce moment où Cosell, désormais très âgé, parlant péniblement, la voix brisée par l'émotion, Cosell, celui qui avait vu éclore la carrière d'Ali, l'avait suivie, soutenue, passée au crible, celui qui avait supporté toutes les facéties et sautes d'humeur du champion mais qui, malgré cette proximité, ne fut jamais pris en défaut de questionnement journalistique intransigeant, celui-là déclara, le visage inondé de larmes impossibles à contenir : « Vivre jusqu'à cinquante ans… ? Je n'aurais jamais cru cela possible, pour vous. Et pourtant… Or, devinez quoi : vous êtes devenu exactement celui que vous vouliez, ce pour quoi vous avez toujours lutté, vous êtes ce que vous avez toujours dit être : un homme libre ! Libre d'être celui qu'il veut être.[4] »

Philippe Petit

Je ne suis qu'un homme qui marche dans le ciel

« Plus je m'attache à contrôler méticuleusement le moindre de ses mouvements, plus je pars à la conquête de l'univers en me libérant de ce qui m'enferme. »

Philippe Genty, *Paysages intérieurs*, Arles, Actes Sud, 2013.

Philippe Petit, perché sur la tour du château du Belvédère à Central Park (New York), lors de l'installation du câble sur lequel il traversera le Belvedere Lake, 27 août 1974.

Il faut voir cet air émerveillé, ces grands sourires, et parfois même ces éclats de rire, entre deux puissantes expirations d'enfant épaté de sa propre audace, alors qu'il marche – qu'écrit-on là ? –, qu'il danse sur le vide, qu'il flirte avec l'azur, qu'il joue trop près du soleil et ce, malgré le vent. Il faut voir cette lumière allègre éclairant son visage, irradiant de tout son être, alors qu'il s'arrête en milieu de parcours, à plusieurs dizaines, voire plusieurs centaines de mètres du sol, qu'il lâche d'une main son balancier et salue, s'assoit, gracieux, léger, libellule, sur un câble de moins de 3 centimètres de diamètre, corps-oiseau, homme-cygne fendant l'eau du ciel, serein et sans bruit, se couche, de tout son long, en un mouvement d'abandon, ou presque, pour un court laps de temps mais, au vrai, une éternité. « La folie, la beauté, la théâtralité, la poésie et l'âme du fil, voilà ce qui m'y fait monter[1] » : il est si haut, si loin au-dessus des hommes ses non-semblables, si supérieur à la terre entière, que la rumeur des hourras, le bruit des souffles coupés, la cavalcade des cœurs battant à l'unisson – un coup pour l'effroi, un coup pour l'espoir, un coup pour l'infini, un coup pour le rêve, toute percussion pour la beauté –, ne montent jusqu'à lui qu'avec plusieurs secondes de retard. Même quand ils jaillissent de 500 000 poitrines à la fois, comme à Francfort, en 1994 : 500 000 paires d'yeux, fronts plissés, lèvres figées par l'émotion et l'angoisse, joues, pour certaines, sillonnées de larmes. Si Dieu existe, cet ange roux dépourvu d'ailes mais chaussé de ballerines lui chatouille régulièrement la plante des pieds…

Il faut voir la joie espiègle qui le transperce au moment où la traversée des nues s'achève, quand il a les deux pieds sur le dur – et pas avant –, qu'il se sait auteur d'une nouvelle performance, laquelle n'a rien à voir avec l'appétit de records, rien à voir avec le défi utile au sens où l'époque les entend, mais tout à voir avec l'art, la poésie, l'osmose, le dépassement de soi, le lien avec l'autre. C'est quand il les fait tellement rêver d'un impossible soudain réalisé, c'est quand il s'envole, dessinant un horizon inédit, marchant sur et dans le ciel à la fois, que Philippe Petit réussit

Philippe Petit, suspendu entre le Trocadéro et la Tour Eiffel, 26 août 1989.

à aimer les êtres. C'est quand il est là-haut, seul face au vent, surprenant les volatiles, ses amis, tutoyant les avions, beau, grand, maître du monde, délicat danseur, magie, chair de poule, pouls au ralenti, concentré, « simple et élégant », selon sa propre formule, qu'il confine au bonheur. La peur ? La peur, c'est quand il est au sol, et qu'il faut affronter le quotidien. « La peur des bêtes qui ont trop de pattes, ou qui n'en ont pas du tout, les araignées et les serpents, oui [2] », ironise-t-il. La peur, un truc de fourmi. Une sensation qui l'arrêterait s'il la connaissait, sur son câble, car il n'a rien d'un trompe-la-mort, bien au contraire. Philippe Petit voudrait vivre vieux et réaliser encore beaucoup de traversées extraordinaires, et c'est justement parce qu'il chérit la vie et ce qu'elle peut receler de beauté, d'inattendu, de stimulant, qu'il trace ainsi des traits entre les tours, entre les pylônes, entre les villages ennemis. Pour rapprocher les hommes, leur montrer que la confiance en eux-mêmes n'est pas utopie mais bien le moins à acquérir, s'ils veulent prendre en main leur destinée. La peur, c'est la méconnaissance. Or Petit sait tout de son câble. Il l'élabore lui-même, longueur, matériau, texture, poids, résistance, prépare chaque étape de ses traversées, pendant des années parfois. Il connaît l'architecture des édifices qu'il reliera, sait quels seront ses points d'appui, étudie la vitesse du

« LA FOLIE, LA BEAUTÉ, LA THÉÂTRALITÉ, LA POÉSIE ET L'ÂME DU FIL, VOILÀ CE QUI M'Y FAIT MONTER. »

Philippe Petit, entretien accordé à *The Observer*, 19 janvier 2003.

vent, les conditions météorologiques, répète inlassablement le parcours, le laisse mûrir, ne se lance jamais dans le vide sans être sûr de lui. Peu lui importe « l'exploit », il ne veut ni avoir peur, ni faire peur. Ce qu'il poursuit, c'est la beauté, toujours. Faire oublier le câble, prendre chaque spectateur par la main et lui transmettre cette confiance. Concentration, légèreté, effacement au profit de l'art. Avec la même excentricité, la même misanthropie, le même génie qu'un Glenn Gould réinventant Bach tout au long d'une existence exceptionnelle, méticuleux comme le pianiste, précis, touché par la grâce, limpide, passionné, suscitant une émotion, un partage sans pareils, galvanisant les foules comme lui, Petit avance et chaque pas, écrit-il, est une note, et dans chaque centimètre gagné, il y a l'intention de faire oublier le fil, comme Gould voulait faire oublier la technique, afin que ne subsiste que l'intention poétique. « Le but de l'art n'est pas de produire une décharge d'adrénaline momentanée, mais plutôt la construction, progressive, tout au long d'une vie, d'un état d'émerveillement et de sérénité[3] », disait l'interprète majeur des *Variations Goldberg*. Or, pendant les longues minutes, une heure entière parfois – notamment lors des commémorations du bicentenaire de la Révolution française, en 1989, quand Philippe Petit, porteur de la Déclaration universelle des droits de l'homme et du citoyen, rallia le deuxième étage de la tour Eiffel, au départ du Trocadéro, sur un fil de 700 mètres de longueur – , que durent les traversées sur un câble pas forcément ami, qu'il faut dompter, respecter aussi, car il vibre, de gauche à droite, de haut en bas, et parfois tourne sur lui-même, dans le silence intérieur du funambule et la précision jamais prise en défaut de chacun de ses gestes, si fluides, si « faciles » en apparence, ne croirait-on entendre le toucher incomparable de Gould, son intransigeance, sa passion, sa délicatesse, son émotion ?

L'obsession des deux hommes pour la perfection, leur extrême exigence sont sœurs. Leur insoumission et leur rejet des conventions également. Et si c'est avec une série de récitals historiques, à Moscou, en 1957, que le pianiste frappa mondialement les esprits, alors qu'il avait gravi la première marche de la renommée internationale avec ses premiers enregistrements des *Variations Goldberg* en 1955, c'est en 1974 que Philippe Petit entra dans l'histoire avec le « plus grand crime artistique du siècle », ainsi que la presse américaine nomma sa traversée sur un câble tendu entre les tours jumelles du World Trade Center de New York, alors qu'il avait gravi sa première marche de la renommée internationale en 1971, avec une traversée entre les tours de la cathédrale Notre-Dame, à Paris. Petit n'avait alors que vingt-deux ans, pour ce qui fut l'une

Philippe Petit
entre les tours
de Notre-Dame,
Paris, 25 juin 1971.
Son premier exploit.

de ses traversées les plus romantiques et une arrestation fracassante (il y en eut plusieurs centaines au cours de sa carrière). En 1973, à Sydney, sur le Harbour Bridge, vingt-quatre ans et un vrai risque de mourir quand la police australienne commença à sectionner les câbles secondaires stabilisant son fil, alors qu'il y marchait encore et qu'à ses pieds douze files de voitures et deux voies ferrées étaient à l'arrêt, leurs passagers stupéfaits par son apparition. Vingt-cinq ans quand il s'éleva à plus de 415 mètres du sol, un peu après 7 heures 15 du matin, dans le ciel new-yorkais, un rêve bâti en six ans opiniâtres. Il est le seul être humain à avoir rendu réel un tel rêve : « Je lève le balancier. Je le jauge, le manœuvre entre mes doigts pour en trouver le centre de gravité, pour habituer mes bras à son poids [...], je m'approche du bord. Je monte sur la poutre, je place mon pied gauche sur le câble d'acier. Le poids de mon corps repose sur ma jambe droite, ancrée au flanc de l'immeuble. J'appartiens encore au monde réel, matériel. Si je déplace subrepticement le poids de mon corps vers sa partie gauche, ma jambe droite sera déchargée et mon pied droit libre de rencontrer le câble. D'un côté la masse d'une montagne, la vie telle que je la connais. De l'autre, l'univers des nuages, tellement plein d'inconnu, le vide. Tout cet espace ! Entre les deux, une mince ligne sur laquelle mon corps hésite à répartir ce qu'il lui reste de puissance. Autour de moi, nulle pensée, seulement l'espace. Sous mes pieds, un câble. Rien de plus[4]. »

Le câble, c'est presque par hasard que Philippe Petit l'avait rencontré, en plein milieu d'une adolescence rebelle, renvoyé de plusieurs écoles pour indiscipline parce que dès l'âge de six ans il préféra les tours de magie et le jonglage aux cours magistraux. Petit, capable de fausser compagnie à ses camarades de classe lors d'un voyage scolaire à Moscou et de disparaître pendant trois mois, à l'âge de quatorze ans, dans les rues de la capitale soviétique. Petit, monte-en-l'air, traînant ses guêtres dans les coulisses du cirque d'Hiver à l'âge de seize ans, plus à l'aise dans une écurie, dormant avec des chevaux, tandis que les enfants de son âge lui paraissaient stupides, comme demain les adultes de son âge. Le monde des saltimbanques, la recherche de l'absolu, la part laissée à l'imprévu et à la créativité, voilà qui le faisait lever matin. Son frère cadet lui parle de la troupe des *Diables blancs* menée par Rudolf Omankowsky (surnommé Papa Rudy) qu'il a vue dans un cirque. Petit hausse les épaules : marcher sur un fil ? Rien de plus facile ! Lui, le jongleur, magicien, voire kleptomane surdoué, pourrait le faire en deux minutes... ! Et de joindre le geste à la parole en commençant par s'entraîner sur des cordes tendues entre deux arbres, non pas deux minutes mais des heures, puis des jours et des nuits entières. Au point d'en

Philippe Petit évoluant entre deux pylônes du Harbour Bridge, Sydney (Australie), 3 juin 1973. Photographié par John O'Gready pour le *Sydney Morning Herald*.

oublier de s'alimenter ou de dormir. Il a seize ans, et sa vie vient de changer : « C'était comme si tout ce qui avait couvé pendant mon autoapprentissage du dessin, de la sculpture, des chevaux, de l'art de se faufiler, de l'art de dérober des objets, l'art de la fuite, celui de l'escalade, comme si tout cela se cristallisait dans la forme la plus simple de l'univers : une ligne droite. Si facile, si simple, si pure. Sur votre câble, personne ne peut vous embêter, vous êtes inaccessible. Vous êtes à portée du vent, mais pas à portée des gens stupides qui vous crient "C'est l'heure du dîner", ou ceux qui vous disent "Fais attention ! C'est dangereux[5] !" »

Seul face au vent, seul dans ses circonvolutions et l'élaboration de ses projets, ne s'entourant que d'une toute petite poignée d'amis capables de suivre ses fulgurances, rechignant à redescendre parmi les fourmis, tel Ulysse rentrant enfin chez lui mais n'en reconnaissant rien et s'écriant « Quel est donc ce pays ? Hélas chez quels mortels suis-je enfin revenu ? Chez un peuple sauvage, des bandits sans justice ? Ou des gens accueillants qui respectent les dieux ? Où m'en vais-je porter cet amas de richesses ? Moi-même, ou m'en aller[6] ? », Philippe Petit, ni dieu, ni prophète en son pays, marionnettiste de lui-même, fils d'aviateur ayant trouvé à sa façon comment tracer, lui aussi – mais de plus belle manière –, son chemin dans les limbes, sans doute horrifié par l'obsession actuelle de « l'efficacité » et de la publicité de nos misérables existences, reprendrait-il à son compte ce propos de Barnett Newman, autre élégiaque de la ligne, simple et pure ? « Le seul acte moral est l'acte inutile et le seul acte inutile est l'acte esthétique. L'artiste est le seul être humain à accomplir des actes dénués de visée utile ; il s'oppose même à leur utilité. Son comportement est totalement, immuablement et profondément futile[7]. »

Philippe Petit
funambule entre
le Trocadéro et
la Tour Eiffel,
à l'occasion
du bicentenaire
de la *Déclaration*
des droits de l'homme
et du citoyen,
26 août 1989.

Alexandre Dumas

Les douze travaux d'Alexandre

« Que grand [gosier] tu as ! »

François Rabelais, *Gargantua*, 1534.

Comme on choisirait de délaisser un temps Ingmar Bergman pour se couler dans l'œuvre de John Cassavetes, de se détourner de la précision millimétrique de Georges Brassens au profit des emportements de Jacques Brel, de se délasser au courant d'une source chaude, au pied de la montagne, plutôt que de grimper vers le lac vivifiant des sommets… Dumas, c'était l'infidélité faite à Balzac, la friandise dont on se repaissait, presque en cachette, avec la sensation de se laisser aller à une forme de facilité, une écriture tout aussi riche mais un tantinet moins exigeante que la prose serrée du grand Honoré, l'impression de se lover au moelleux giron d'une langue sublimée, calorique, gourmande, vorace de faits, avaleuse de personnages et de récits, feu ronronnant, enflant, explosant et dévastant sur son passage des après-midi entiers, vidant de leur sommeil des nuits successives, nous laissant hâves, la peau brûlée par l'effort, hors d'haleine, hypnotisés, l'esprit encore plein de héros en quête de reconnaissance, de fils de personne, nourrissons abandonnés, enfants illégitimes, jeunes fiancés aux droits bafoués, prévenus injustement condamnés, évadés réclamant justice et ourdissant leur vengeance, sur plus de mille pages, cavalcades à dos de chevaux exceptionnels, poisons savamment versés au sang de leur cible, duels fantastiques à l'épée, femmes séduites et flouées, reines sanguinaires, coucheries scandaleuses, guerres à n'en plus finir et leurs moissons de morts, détrousseurs de cadavres, juges corrompus, fêtes splendides, robes somptueuses, étoffes rares, rivières de diamants, prétendants fiévreux aux élans brisés par le calcul de l'être aimé, donzelles à l'horizon soudain troublé par la silhouette d'un Don Juan s'égayant comme hirondelles à l'approche du danger…

Gustave Chanoine, *Caricature d'Alexandre Dumas père représenté en mousquetaire,* 1868. Gravure pour *La Marotte*.

Alexandre Dumas, en compagnie de l'actrice américaine Adah Isaacs Menken, vers 1865.

Quand Balzac saisissait l'époque et ses événements pour nous parler du banquier, de la danseuse, des théâtres, du bourgeois de province en quête d'élévation, de la pauvreté, de parents ou d'enfants indignes, de luttes sous-jacentes d'un monde en construction, chacun cherchant sa place, quelques goulées d'air, un parfum, un esprit de réussite personnelle, une façon de s'ébrouer, de s'émanciper des mâchoires d'un siècle en mutation, Dumas, décrivant la même époque, chef de file des romantiques, vénéré par ses amis, Alphonse de Lamartine et Victor Hugo, nous faisait témoins des ambitions napoléoniennes et des efforts hiératiques de la République, partageait son effarement pour le sort fait aux Juifs par un Vatican revendiqué antisémite, mettait la politique réelle et ses effets immédiats au premier rang de ses questionnements d'auteur. Ses personnages ? Des ambitieux, des violents, des vénaux, profiteurs se laissant entretenir par des femmes riches et influentes, voués pour la plupart à un sort funeste mais autour desquels toute une petite société gravite, fascinée, dans son théâtre – *Antony, Richard Darlington, Kean* –, des revenants avides de revanche sur ceux qui les ont spoliés, défenseurs de l'honneur d'une reine, valeureux combattants généralement récompensés de leurs efforts dans ses romans – *Le Comte de Monte-Cristo, Les Trois Mousquetaires, Une fille du Régent*... L'histoire, sans cesse convoquée, décortiquée, enseignée, notamment dans ses Mémoires – rédigés à l'âge de quarante-cinq ans – et ses comptes-rendus de voyages – *Impressions de voyage.* En tout, la démesure. La vie augmentée.

Chez Dumas, tout est sujet à récit romanesque, à embrasement, pages en grand nombre. Il n'est, pour le constater, qu'à lire *Mes mémoires,* récit de son existence précédé, en un très long hommage, de celle de son père, placé sur un piédestal, ce héros dont il ne se remit jamais de la perte – « cette vieille et éternelle douleur de la mort de mon père[1] » –, bien qu'il ait à peine été âgé de quatre ans quand ce dernier s'éteignit. Dumas jure se souvenir nettement de ce père, « véritable enfant des colonies, fils des plages et des savanes[2] », de ses exploits domestiques – « Quant à sa force musculaire, elle était devenue proverbiale dans l'armée. Plus d'une fois, il s'amusa, au manège, en passant sous quelque poutre, à prendre cette poutre entre ses bras, et à enlever son cheval entre ses jambes[3] » –, de sa beauté, gravée en lui telle une icône indépassable – « beau de visage, quoique son teint de mulâtre donnât un caractère étrange à sa physionomie, élégant comme un créole, admirablement fait à l'époque où c'était un avantage d'être bien fait, avec des pieds et des mains de femme[4] », et il enchérit : « Une chose m'avait frappé encore, c'étaient les formes merveilleuses de mon père, ces formes pour lesquelles on

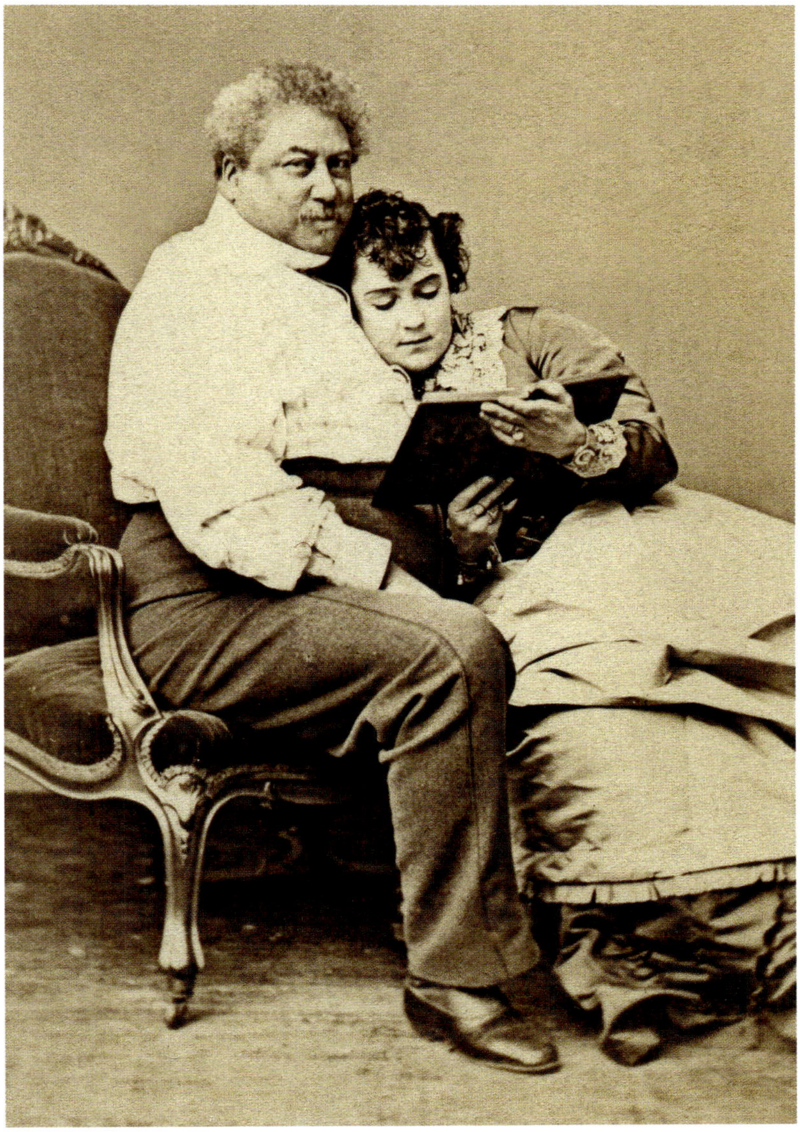

semblait avoir fondu dans un même moule les statues d'Hercule et d'Antinoÿs[5] ». L'écrivain Dumas, garant de la mémoire des récits de gloire d'un père général en chef ayant commandé trois armées, né esclave, sur le sol de Saint-Domingue, de l'union – répétée, puisqu'elle donna naissance à plusieurs enfants – du marquis Antoine Alexandre Davy de La Pailleterie, un noble, et de l'une de ses esclaves, Louise Cessette Dumas. Effectivement héros de guerre, et grand défenseur de la République au point de s'opposer à l'ascension de l'Empereur, le père d'Alexandre s'était engagé dans le régiment des dragons de la Reine en 1786, âgé alors de vingt-quatre ans, sous le nom de sa mère, Dumas, car le marquis, lui-même connu pour faits de guerre, ne voulait pas voir « entacher » le nom de La Pailleterie par les errements, voire les exploits d'un ex-esclave, presque noir de surcroît, le cheveu crépu, la constitution plus robuste qu'à l'accoutumée et la lippe un peu trop généreuse, son propre fils, instruit par les meilleurs enseignants, escrimeur de haut lignage s'étant vu inculquer l'art de la guerre par le chevalier de Saint-Georges en personne. Brigadier, maréchal des logis, capitaine des hussards, pendant la révolution de 1789 et jusqu'à l'établissement de la République en septembre 1792, Dumas surprend par son habilité, ses victoires sur les ennemis de la France et son courage, alors que les puissances européennes, craignant la contagion de la Révolution française, s'organisent pour la déstabiliser. À force d'exploits et de dévouement, il devient, à l'âge de trente et un ans seulement, le premier Noir général de l'armée française, et il sera nommé en décembre 1793 commandant en chef de l'armée des Alpes et de ses 45 000 hommes. Son sens de la stratégie, son commandement précis d'hommes qu'il ne veut pas envoyer au feu avant que leur formation n'ait été totalement achevée – et qu'importe si, à Paris, le Comité de salut public réclame plus de célérité – lui permettront de remporter un

« UN GRAND CHANGEMENT S'ÉTAIT FAIT DANS MONTE-CRISTO. ARRIVÉ AU SOMMET DE SA VENGEANCE PAR LA PENTE LENTE ET TORTUEUSE QU'IL AVAIT SUIVIE, IL AVAIT VU DE L'AUTRE CÔTÉ DE LA MONTAGNE L'ABÎME DU DOUTE. »

Alexandre Dumas, *Le Comte de Monte-Cristo*, 1844.

remarquable succès face aux armées piémontaises, avec la prise du Mont-Cenis en avril 1794. Lui-même commente ainsi son succès : « Jamais victoire ne fut plus complète ; nous avons fait huit à neuf cents prisonniers, tué beaucoup de monde, et notre perte, chose incroyable, ne se monte qu'à sept ou huit morts, et une trentaine de blessés. Je joins ici le rapport particulier de chaque commandant. L'Europe étonnée apprendra avec admiration les hauts faits de l'intrépide armée des Alpes. Vivent la République et la Victoire[6] ! » Les troubles et les batailles se suivent, et le général Dumas fera merveille face aux Autrichiens – qui le surnomment le Diable noir –, sur l'Adige, dans le Tyrol, au point de s'exposer, seul face à l'ennemi, sur le pont de Clausen, d'être blessé à trois reprises, de tuer ou mettre hors d'état de combattre plusieurs soldats adverses, le temps que sa propre armée le rejoigne… Des actes de bravoure qui, dans un premier temps, lui vaudront l'amitié, la confiance et l'admiration de Bonaparte, lequel le nommera commandant de la cavalerie de l'armée d'Orient, partie mener, en mars 1798, la campagne d'Égypte. Dumas est à peine plus âgé que Bonaparte, et les deux hommes s'apprécient d'ailleurs au point de convenir, au moment où va débuter le voyage vers Le Caire, que si l'enfant à naître des œuvres du général métis est un garçon, les parrain et marraine du petit Alexandre, venu au monde après deux sœurs, en 1802, seront Bonaparte et Joséphine…

Mais le républicain gêne le futur empereur. Trop de succès, trop de bravoure connue et reconnue, trop d'influence, trop d'attachement aux principes qu'il défend au prix du sang, le sien propre, à tant de reprises. Trop d'indiscipline également, quand Dumas s'émeut du sort fait à ses soldats et laisse s'épanouir sous sa tente des sentiments séditieux, dans la terrifiante marche d'Alexandrie au Caire… Que venait-on faire dans ce pays ? osait demander le simple soldat, remettant en cause l'ordre, la main, la clairvoyance conquérante d'un Napoléon Bonaparte, général des armées, la tête déjà emplie de l'ivresse des conquêtes et du pouvoir qu'il entendra exercer quelques années plus tard. Tous ces morts, toutes ces souffrances, pour si peu ? D'après les Mémoires d'Alexandre Dumas, son père écrit à Kléber, resté à Alexandrie pour s'y remettre d'une méchante blessure à la tête : « Nous sommes enfin arrivés, mon ami, au pays tant désiré.

Qu'il est loin, bon Dieu ! de ce que l'imagination la plus raisonnable se l'était représenté. L'horrible *villasse* du Caire est peuplée d'une canaille paresseuse, accroupie tout le jour devant des huttes infâmes, fumant et prenant du café ou mangeant des pastèques et buvant de l'eau. [...] Tu n'as pas idée des marches fatigantes que nous avons faites pour atteindre Le Caire : arrivant toujours à trois ou quatre heures après midi, après avoir souffert toute la chaleur, la plupart du temps sans vivres, étant obligés de glaner ce que les divisions qui précédaient avaient laissé dans les horribles villages qu'elles avaient souvent pillés ; harcelés pendant toute la marche par cette horde de voleurs nommés Bédouins, qui nous ont tué des hommes et des officiers à vingt-cinq pas de la colonne[7].» Or Dumas n'a rien plus en horreur que le gaspillage des vies et des forces de ses hommes. En froid avec Bonaparte, qui ne lui pardonnera jamais cet affront, ayant encore le cœur de réprimer une insurrection populaire à Alexandrie, malade, le général Dumas veut rentrer. Il appareille vers l'Europe le 7 mars 1799. Las ! au lieu des dix à douze jours qu'il pensait suffisants pour poser le pied sur le sol de sa patrie, il doit faire relâche à Tarente, dans les Pouilles, où les Italiens le retiennent pendant deux ans, jusqu'à la victoire de Marengo, lui infligeant, dans sa geôle, de mauvais traitements qui le laisseront infirme et amer. Amertume aggravée encore par la nouvelle de sa mise à la retraite d'office, quand il rentre enfin chez lui en 1802, et par l'application avec laquelle Bonaparte le poursuivra de son courroux, jusqu'à et au-delà de sa mort, d'abord en le privant de sa solde, non perçue pendant ses deux années de captivité, puis en n'accordant aucune pension à sa veuve et ses

Alexandre Dumas, vers 1859.

enfants, dont Alexandre. Pire, il est victime, malgré sa volonté de reprendre un commandement, d'un arrêt pris en 1802 par Bonaparte interdisant Paris et ses alentours, dont Villers-Cotterêts, « à tout officier ou soldat de couleur ». Dumas ne devra qu'à son influence une dérogation lui permettant de vivre et de s'éteindre chez lui, sans jamais s'être vu restituer le respect et l'argent dus.

Lire l'émerveillement, la déférence et le manque dans chacun des mots avec lesquels Alexandre Dumas conte, dans ses Mémoires, l'existence et les hauts faits de ce père, c'est pénétrer toute la matière, tout le ressort de son œuvre : l'insoumission, atavique, le goût de l'extraordinaire pour moteur, le besoin de retrouver, au moins sous sa plume et dans la précision de ses descriptions historiques, le lustre mis à mal de l'habit paternel. La reconnaissance dont la mesquinerie de Bonaparte l'aura privé, son fils Alexandre la lui restituera, à la fois dans ses récits biographiques, mais aussi dans la parenté entre la plupart de ses personnages de fiction, leurs caractéristiques et la réelle fréquentation par le général Dumas du danger, de la guerre, de l'histoire, de personnages comme Murat, Lannes, Kléber. C'est dans sa tentative de réhabilitation de la mémoire du père que Dumas l'écrivain se prend au jeu du roman historique et romantique à la fois, son invention, son grand œuvre. Le lire et tout comprendre de la guerre de Cent Ans, des campagnes d'Orient, du désastre de Waterloo...

Comme le père, il lui faut vivre plus vite, plus fort, plus spectaculaire. Enfant déjà, à moitié orphelin, donc, quand Dumas narre ses mésaventures d'écolier bagarreur, passionné par les armes et par la chasse – « Je tenais fort à traverser la ville, mon fusil sous le bras, mes alouettes au cou. Jamais Pompée ou César, rentrant à Rome en triomphateurs, ne furent aussi fiers que moi[8] ». Ou quand il fustige la rage avec laquelle l'époque le précipitait dans un choix infernal, puisqu'il fallait être royaliste, ce dont lui, fils de républicain, ne pouvait supporter l'idée, ou bonapartiste, alors qu'il avait tant de motifs d'animosité à l'égard de Napoléon – qu'il n'était pas, précise-t-il, le seul à honnir : « Ceux qui n'ont pas vécu à cette époque ne peuvent se figurer à quel degré d'exécration était monté, dans le cœur des mères, le nom de Napoléon. C'est qu'en 1813 et 1814, l'ancien enthousiasme

était éteint ; ce n'était pas à la France, cette mère commune ; ce n'était pas à la liberté, cette déesse de tous, que les mères faisaient le sacrifice de leurs enfants : c'était à l'ambition, à l'égoïsme, à l'orgueil d'un homme[9]. » Et encore plus tard, quand, s'étant piqué de littérature après des études de droit menées sans passion, et persuadé que c'est à Paris que se jouera son destin, il découvre les femmes, par collections entières, voire prédation. La grande bourgeoise parisienne, sa consœur aristocrate sur le déclin, la jeune actrice, la courtisane aux charmes ensorcelants : elles le veulent toutes, rendues fébriles, écrit Dumas, par le parfum de scandale. Mais qu'on lui pardonne, s'il n'en avait pris qu'une, elle serait, prétend-il, morte au bout de huit jours ! Les inimitiés ne manqueront pas de fleurir. Ainsi des diatribes et anathèmes de ceux qui l'accusent de plagiat, de s'attribuer la gloire d'écrivains fantômes, véritables auteurs de ses livres selon eux, et lui reprochent sa consommation effrénée de femmes, lui le Nègre, forcément prodigieux. À mesure que le bel Alexandre, sa taille haute et fine (elle ne dilate pas encore son gilet), ses lèvres pleines, sa musculature prétendument extraordinaire, ses jambes graciles et tous les clichés afférents à l'homme noir conquièrent les quartiers de ces dames, la détestation envieuse de nombre de ses contemporains grandit. Quand il ne s'agit pas de racisme. Tout simplement. Fuir cet air saturé, ce remugle, cette putréfaction. Même en cela, il mettra de la démesure. Encore. Toujours.

Dans les années 1830, déjà, Dumas s'était laissé gagner par le virus, dispendieux et dévorant, des voyages. Paris et ses miasmes, aussi bien ceux des jaloux, des pamphlétaires, des harceleurs mettant en doute son travail, que ceux de la mort semée par l'épidémie de choléra de 1832, l'étouffent. Dumas suffoque. Il veut partir, conquérir l'Orient, mettre ses pas dans ceux de son père… « Soulever sous [ses] pieds la poussière de deux ou trois civilisations[10]. » La Suisse, l'Italie, la Belgique, l'Espagne, l'Autriche, la Hongrie… La Russie, la Tunisie, l'Algérie… Dumas voit dans le voyage le moyen de « vivre dans toute la plénitude du mot ; [d'] oublier le passé et l'avenir

Affiche illustrée par Jules Chéret pour la parution en livraison du *Comte de Monte-Cristo* d'Alexandre Dumas, 1885.

pour le présent ; [de] respirer à pleine poitrine, jouir de tout, s'emparer de la création comme d'une chose qui est sienne, [de] chercher dans la terre des mines d'or que personne n'a fouillées, dans l'air des merveilles que personne n'a vues[11] »... Il en rapporte des milliers de pages, érigeant son style, amplifiant son souffle, développant sa capacité à embrasser une situation, à en tirer toute l'essence romanesque, des textes relevant plus de la fresque que du carnet de route, convaincu qu'« il n'y a pas de voyageur qui ne croie devoir rendre compte à ses lecteurs des motifs de son voyage[12] ». Il repartira, saisi de la même impatience, après l'époque faste, celle durant laquelle il gagnait un argent fou, dans les années 1840, faisait construire son château de Monte-Cristo, montait son Théâtre-Historique, produisait des pièces dont le succès enrichissait puissamment non seulement leur auteur mais aussi les propriétaires des lieux qui accueillaient ses écrits, après la dépression de 1848 qui le laissera ruiné – le château est vendu aux enchères en 1849, le théâtre déclaré en faillite en 1850. Soif de l'autre, tentative d'échapper aux créanciers et à une contrainte de corps, fuite devant les menaces faites à ceux qui tentèrent de résister au coup d'État du 2 décembre 1851... il ira rejoindre Hugo à Bruxelles et y vivra jusqu'en 1854, tandis que l'auteur de *Quatre-Vingt-Treize* choisit l'exil à Jersey puis à Guernesey. Des années pendant lesquelles l'auteur – ou coauteur – d'*Ange Pitou* et de *La Tulipe noire* n'aura de cesse de s'interroger sur les révolutions, leurs errements intrinsèques et leur beauté contrastée.

C'est Garibaldi en personne qui lui redonnera la flamme, la foi en l'homme insoumis. En 1860, Dumas achètera des armes, mettra l'*Emma*, sa goélette, le rêve d'une vie, celle qui devait l'emmener vers l'Orient tant désiré, au service de la cause du général italien. Il passera trois années à Naples, toutes fibres vibrant au rythme de la résistance à la monarchie des Deux-Siciles, renouant avec la fougue qui l'avait jeté dans les journées de juillet 1830 en France, puis dans la révolution de février 1848, la vraie révolution, déclarait-il, celle qui établissait une république. En Italie, défenseur de Garibaldi, adversaire indigné des Bourbons, il monte un journal, *L'Independente*, dans lequel il feuilletonne les menées garibaldiennes. Une révolution de l'intelligence, bien supérieure, selon lui, dans ses objectifs et ses principes respectés, au grand tremblement français de 1789...

Achille Devéria, *Portrait d'Alexandre Dumas père*, vers 1830. Lithographie.

ALEX. DUMAS.

Deuxième année. — N° 39. 10 CENTIMES. — TIRAGE : 32,000 2 Décembre 1866.

LA LUNE

RÉDACTEUR EN CHEF
F. POLO

ABONNEMENTS
PARIS

Un an............ 5 fr.
Six mois........ 3
Trois mois...... 1 50

BUREAUX, 5, CITÉ BERGÈRE

Au clair de la lune,
Mon ami Pierrot,
Prête-moi ta plume
Pour écrire un mot.

(*Air connu.*)

DIRECTEUR
D. LÉVY

ABONNEMENTS
DÉPARTEMENTS

Un an............ 6 fr.
Six mois........ 3 50
Trois mois...... 2

BUREAUX, 5, CITÉ BERGÈRE

C'était dans la nuit brune,
Sur le clocher jauni,
La lune
Comme un point sur un i,

(A. DE MUSSET.)

ALEXANDRE DUMAS, par GILL

J'autorise le Journal La Lune à publier ma Charge, Les Caricatures étant les seuls portraits ressemblans qu'on ait fait de moi jusqu'aujourd'hui

Alex Dumas

Le théâtre écrit – créé, élaboré, monté. Le théâtre, édifice – créé, acheté, vendu. Le théâtre, puis les romans, puis les luttes politiques pour déversoir de ses enthousiasmes, de ses peurs, de son inaliénable besoin de reconnaissance, pas seulement en tant qu'auteur mais d'abord en tant qu'être aimable. Les voyages, toujours plus loin, toujours plus longtemps. Sur les traces de son père. Et la presse. L'époque le veut. C'est celle de son essor, journaux tout-puissants faisant et défaisant les carrières, défi quotidien aux détenteurs du pouvoir, meilleur moyen de rendre populaire un roman, sous forme de feuilleton… Premier média de masse. Dumas en sera l'une des créatures puis l'un des marionnettistes. Au bout des fils, au bout des méandres, un seul cri : je suis le fils de quelqu'un, je suis le fils de mon père et ferai de ma vie l'instrument de ma propre réhabilitation à travers celle de ce héros. Il voulait mourir dans la chambre où il était né, à Villers-Cotterêts ; c'est dans la chambre de son fils bien-aimé, Alexandre Dumas fils, auteur de *La Dame aux camélias*, qu'il s'éteindra, le 5 décembre 1870, à Puys, près de Dieppe. L'un avait le génie, disait Victor Hugo, l'autre avait du talent. Comment se mesurer à un tel colosse ? La comtesse Dash, Gabrielle Anna de Cisternes de Courtiras, son amie et écrivaine fantôme, réelle auteure de plusieurs des livres de Dumas père, n'en convient-elle pas ? « Nul ne tiendra la place qu'il a occupée, parce que nul ne réunit les conditions nécessaires pour cela. Il faudrait non seulement un esprit comme le sien, – et je n'en connais pas un autre –, il faudrait sa verve inépuisable, il faudrait son imagination, il faudrait sa force, sa facilité de travail, il faudrait sa santé, sa vigueur, sa gaieté, ses instincts ; il faudrait ce qu'une seule nature ne réunit pas deux fois dans chaque génération[13]. »

Alexandre Dumas en une de *La Lune*. Lithographie de André Gill. 2 décembre 1866.

Jim Harrison

La ballade de gueule tranchée

« Terre où je m'endors, espace où je m'éveille, qui viendra quand vous ne serez plus là ? (*que deviendrai-je* m'est d'une chaleur presque infinie). »

René Char, « Transir », *La Paroi et la prairie*, Paris, GLM, 1952.

Contre toi, au crépuscule, reposer ma fatigue. Dans ton œuvre trouver asile. Force vitale. Réimplantation. Courir le long de tes récits et me savoir arrivée là où je serai toujours chez moi. Où je deviendrai liane, crabe, palétuvier, kaïali, flamant rose, algues, boue séchée, craquelure, large épicéa, dressé, multicentenaire, sombre, lourd, se mouvant lent dans le souffle du soir bientôt bleu nuit. Dans ton sillage pénétrer, déterminée, les eaux froides de la rivière. Hoquet, souffle coupé, coup de tonnerre en plein cœur. Lutter contre le courant. Le sentir marteler non seulement mes cuisses, mais déjà mes hanches, l'entendre glisser, tellement rapide, pas vacarme, non, plutôt chant profond, serein dans sa constance. Marcher, marcher à force contraire, tendue dans l'effort, sens aiguisés à l'extrême. Marcher en fermant les yeux, par moments, parce que voir, c'est ne pas tout percevoir. Marcher jusqu'à ce que le flot, maintenant furieux, semble l'emporter sur mes forces, dépasse mes épaules, me lape le menton, tandis que mon pas, à l'affût des pièges sur le fond incertain, perd de l'assurance. Marcher jusqu'à ce que la pulsation douloureuse, sous mes tempes, s'accoutume au sifflement plein de menaces de l'eau, toute cette eau du Michigan, glacée, imperturbable, qui roule, charroie, étonnée de mon insistance à ne pas me laisser dompter, transporter, rejeter, tel le rondin auquel elle pense pouvoir m'assimiler. Dans l'obscurité naissante, comme ta silhouette semble lointaine… Le sais-tu au moins, t'enfonçant encore dans le tourbillon à la recherche d'un chemin invisible, d'une organisation de pierres amies aléatoire que tu sentiras soudain sous tes pieds et dont tu devineras qu'elles t'aideront à déjouer le courant, remonter vers l'autre rive où s'ébrouent déjà les chiens, grelottant mais jappant leur joie bruyante de te voir approcher, le sais-tu que dans ton dos courent l'enfance inquiète et claire, l'adolescence révoltée déjà aspirée par l'exil intérieur, l'écœurement adulte devant « ce monde à peine gouvernable, [qui] suffit à vous pousser vers les bois les plus proches, le plus loin possible d'un

Jim Harrison au festival Lumière, Lyon, 5 octobre 2010.

empire qui manifeste toute la cupidité et la malfaisance absurde des Romains[1] » ? Cette nuit, ayant enfin repris le dessus, je m'extrairai à mon tour de cette gangue et m'avancerai, bleuie, les pieds meurtris, le cœur à l'avenant, larmes aux paupières, par ta plume bouleversée, contemplerai de loin ton profil, voûté, rendu orange par la vigueur des flammes – au contact desquelles une vieille boîte de haricots reprend vie –, les robes soyeuses des chiens assoupis à tes pieds, brillantes de l'effort fourni, des points de braises, étincelles s'échappant du foyer et montant, hélicoïdales, éphémères lucioles, ton regard empli de mélancolie… Pas un mot. Il est ce moment d'abandon intégral, de dilution absolue dans un espace infini, meilleur antidote à ta folie, dans lequel tu *deviens* ce lieu. Seul, viscéralement seul, face à « un sentiment de la vie irrémédiablement perdu ; une ombre intime qui vous accompagne partout et qui, même si vous l'oubliez le plus souvent, peut à tout moment vous déchirer le cœur[2] ». Au mitan de la nuit, quand la lune bombée, disque d'argent luminescent aux reflets de cendre, dévoilera ses atours, te tourneras-tu vers elle pour un de ces rendez-vous dont tu as le secret ? Pour te rappeler combien ton œil gauche te manque encore, plus de sept décennies après l'avoir perdu ? « Elle a brandi un tesson contre mon visage et ma vue s'est enfuie dans un flot de sang[3]. » T'est-il arrivé de la haïr ? Quand lui as-tu pardonné son geste, à cette enfant à peine plus jeune que toi ? Sept ans… ? « Les conséquences de son geste primitif et violent durèrent longtemps, pour employer un euphémisme », écris-tu encore. Quand s'habitue-t-on à ce manque, et combien de temps reste en mémoire la sensation de souffrance physique, l'état de stupéfaction alors que se répand l'intensité de la douleur ? La claustrophobie qui te hante fut-elle amplifiée par ce brutal rétrécissement de ton horizon ? Ton père et ses frères, à te lire, te sauvèrent de l'apitoiement et d'une partie de tes pulsions autodestructrices en vous construisant un chalet en une région isolée, un « univers sauvage […] correctement consacré à l'épuisement adolescent » qui te guérit du poison du désespoir. Mais à quoi penses-tu encore aujourd'hui « en fermant [ton] œil valide et en tournant le visage ainsi que [ton] œil gauche vers la grosse lune d'une nuit d'été », découvrant « une lumière concentrée mais brumeuse, assez belle à sa façon, et cet exercice accentue aussitôt les sons qu'on peut alors entendre, les chouettes, les coyotes, les engoulevents et, au printemps, le merveilleux cri saisissant du huard, l'appel amoureux de la bécasse, les bruits de la rivière » ? Il y a ce vers, de William Blake, que tu aimes citer : « Ne comprends-tu donc pas que le moindre oiseau qui fend l'air / Est un immense monde de délices fermé par tes cinq sens[4] ! » Avec toi je lèverai les yeux vers le ciel encre et compterai à l'infini les points brillants comme autant d'âmes sereines.

Demain. Demain je serai sur tes talons, quand tes vieux os craqueront d'avoir dormi à la belle étoile, quand le feu sera éteint et que le goût âcre de la migraine te rappellera à ta misérable condition humaine. Quand la chienne viendra te pousser le menton du museau, jusqu'à ce que, gagné par sa bienveillance, tu te fendes, en grognant, d'une flatterie à son encolure. Je te regarderai préparer les mouches destinées à tromper la truite brune, compter tes cannes à pêche et faire l'inventaire de tes moulinets, choisir le fil adéquat en pestant contre cette vue de borgne, plus aiguisée mais plus fatiguée aussi que s'il te restait tout ton champ visuel. L'eau claire du matin, froide, pour réveiller tes traits, tu batifoles comme tes chiens, inextinguibles joueurs, les bottes adéquates, le gilet antédiluvien multipoche dont tu ne te séparerais pour rien au monde… Le bon matériel, c'est le bon matériel. Important. Mais il ne sert pas à grand-chose si l'on ne sait pas *lire* la rivière. Les retraites de ce type durent le temps nécessaire.

Jim Harrison posant avec un cheval, 1972.

Une journée… Un mois? Soixante jours… Quatre-vingt-dix. Il t'arrive de partir trois mois d'affilée, loin des tiens, loin du monde, seul avec ton pick-up, tes chiens, un fusil, une gibecière et des cannes à pêche: « pêcher est le seul moyen par lequel je peux tout effacer… Je pense que cela tient du taoïsme[5]. » Toi qui, enfant, dans les pas de ton père, te vis inoculer le virus de l'ordre naturel de l'univers, cette sensation de proximité immédiate, d'appartenance, de mimétisme. Froids extrêmes ou chaleurs étouffantes, rencontre dangereuse avec l'ours ou bataille contre des nuées de moustiques, fréquentation distante du coyote ou intime du taon, des dizaines de taons. Extase et épuisement. Puisque le ciel est immense, tu es ciel immense, et dans celui-ci, épervier. Puisque la montagne est haute, tu es géant et, dévalant ses flancs, cheval sauvage tous crins au vent. Puisque le lac est profond, tu pourrais être poisson et remonter le courant jusqu'aux origines du royaume des truites. Puisque le castor est architecte, tu construiras toi aussi, adolescent, avec des comparses, un barrage sur une rivière, sans te douter qu'à cause de vous, tout un village voisin sera inondé. Quand la jument soufflera sa douleur au moment de mettre bas, tu seras celui qui l'aura ceinte d'une réconfortante couverture, prêtée par un ami indien, celui qui lui dira des paroles douces jusqu'à ce que tressaille, à travers la taie placentaire, un petit être humide, quatre longues pattes au luisant poil désordonné, à peine né et déjà debout. À peine au monde et déjà ton semblable.

Des dizaines de milliers de kilomètres parcourus à bord de ton pick-up, des dizaines de milliers d'arbres, forêts de chênes, collections de pins blancs, sapins, érables mordorés, hêtres majestueux. Des centaines de motels, peu importe qu'ils soient miteux, pourvu qu'on y trouve des draps propres et un filet d'eau douce. Des milliers d'heures de marche, de balades à cheval, promesses de grouses débusquées, de station interdite, cœur emballé, au spectacle d'une colonie de chouettes, de défiance à l'encontre du serpent noir et de sa prédilection pour la chaleur de la lampe du campeur… Tout ce temps passé l'oreille aux aguets, les sens en surrégime, attentif aux moindres indications de tes chiens, désespéré par leur tempérament fantasque. Tout ce temps à remonter le fil de l'histoire de ton pays, d'une partie de tes ancêtres, à tenter de trouver sinon une justification du moins un exorcisme du mal fait en ton nom et en celui de ton peuple, la prédation, l'extermination des Indiens d'Amérique, le piétinement de

« UNE RIVIÈRE EST QUELQUE CHOSE DE SI IRRÉSISTIBLE, ESTHÉTIQUEMENT, QUE VOUS NE PENSEZ À RIEN D'AUTRE... [ELLE] EFFACE TOUT CE QUI SEMBLE INFERNAL DANS VOTRE VIE. »

Jim Harrison, entretien accordé à *Bliss Magazine*, 2006.

leur culture *native* et la dévastation de régions entières, la corruption de tout un continent pour l'édification du temple inégalé de l'appât du gain, alors que « la voix du coyote et le pétroglyphe du Roi lézard, près de Baboquivari, s'enchevêtrent en une voix plus pure qu'aucune de nos modernes machines de distraction[6] ». Des semaines, des mois entiers à fuir l'insupportable, la révolte, à chercher la paix intérieure, à mettre de la distance entre toi et les souvenirs envahissants, la peur de manquer demain, la lutte contre le dénuement – une vraie pauvreté –, la culpabilité pour tous les sacrifices imposés aux tiens, à cause de l'écriture, ce besoin vital de mettre à exécution un projet très exaltant quand tu le conçus, à peine âgé de quinze ans – devenir écrivain –, et dont tu mesuras, près de trente ans durant, les aléas. Et même après, quand le succès, l'argent des livres, des films, de la télévision, aussi vite dépensé que gagné, furent venus, et avec eux un cortège de sollicitations, de tentations et dérivatifs, rien n'était acquis. Tu partais encore plus longtemps. Question d'hygiène personnelle. D'ailleurs, rien n'est jamais gagné quand on sait, on *sait,* devoir affronter sa propre mise à nu. De quoi l'écriture est-elle le nom, sinon de la confrontation à soi-même ?

Par-delà les flasques de whisky, l'addiction à la nourriture que tu sus transformer en passion maniaque, la tentation des drogues dures, ces « blessures autoadministrées », la dérive, jamais loin, jamais longue à vous aspirer, toi, tes personnages et tes lecteurs, en dépit de la souffrance psychique, compagne de chaque instant, de la dépression permanente, tapie dans ton ombre, de la peur à en crever de voir à jamais ta main se refermer sur le vide quand tu crois tenir l'être aimé, malgré l'aide, constante, de ta femme, Linda, rencontrée quand vous n'aviez que quatorze et seize ans, premier et unique grand amour de ta vie, à travers la tristesse sourde de tes histoires, la mélancolie de l'Indien Chien brun, l'indignation de fils ou de filles toujours démunis devant la transmission, implicite, de génération en génération, des violences et désespoirs demeurés noués, en aval de la drôlerie ou du fatalisme d'un récit, dans les plis d'histoires d'adolescents amoureux, malhabiles, de filles mères contraintes d'abandonner l'enfant, d'anciennes amours aux braises mal éteintes, dans la quête au long cours de la

Jim Harrison, dans le Montana, août 2004. Photographié par Alec Soth.

bouleversante Dalva dont tu nous transmets le presque manque d'espoir de retrouver son fils, malgré les années et les vicissitudes dont on ne sait jamais si elles sont tiennes ou celles d'êtres peuplant ton imagination, en filigrane de ta tendresse ou de ta férocité et même surplombant ta narration unique de l'espace-monde auquel tu sais appartenir, voire au-delà de l'hommage permanent à tes « frères » indiens – t'ont-ils vraiment nommé « celui qui va toujours au plus loin dans l'obscur et parvient à en revenir » ? –, demeurent ta solitude et le besoin, vital, d'écrire. On croit te saisir en devenant arbre comme tu deviens aigle, on croit te connaître en te décrivant fleuve, tempête ou grizzly, mais ce que tu dis de toi, c'est la fragilité d'un homme soumis à la tyrannie d'une neurasthénie tenace, ce sont les lames d'une vie brisée en plusieurs endroits, du deuil d'un père et d'une sœur adorés, emportés par la folie d'un chauffard, un soir comme les autres dont tu te souviendras jusqu'au moment de refermer tes paupières, torturé par les « et si ». Et si tu ne les avais pas retardés, et si tu étais parti avec eux, et si quoi que ce fût avait été différent ce jour-là, qui eût fait osciller de quelques minutes avant ou après, le moment où ils croisèrent la route de leur meurtrier ? 1962. Tu avais vingt-cinq ans. Judith, ta sœur bien-aimée, en avait dix-neuf. S'est-il, depuis, écoulé un seul jour où leur présence ne t'a pas manqué ? Une seule nuit sans une visite de leur part, même fugace ? Ton père et Judith dérobés à ton frêle équilibre, toi que l'on dit colosse. L'écriture était déjà là. La claustrophobie également. L'autodestruction, l'amour d'autrui, l'émerveillement devant toute manifestation de la beauté, l'attendrissement devant la truffe espiègle d'un chien ami, la conscience de ton infinitésimalité devant ces « contrées où il n'y a pas de chemin [7] ». Tout était déjà en place. Écrire n'est pas qu'une question charnelle, question de souffle, ni affaire d'ogre, de colosse, ni même une course, galop intérieur, produisant gerbes d'étincelles brûlantes et ratiboisant tout sur son passage. Écrire, c'est, nous apprends-tu, s'éloigner de ce vacarme, faire le pas de côté permettant de le regarder passer sans se laisser ni distraire, ni emporter. « Le rêve où je peux écrire un bon poème, un bon roman, voire un bon film, a dévoré ma vie [8]. »

Écrire, ou faire silence en soi, au fil de quatre-vingt-dix jours de marche, seul dans sa montagne et espérer qu'une fois épuisé les larmes, chassé l'effroi et vidé les cris, trouver le bon ordre, l'organisation aléatoire de pierres amies… dont tu sauras qu'elles t'aideront à revenir vers le monde réel, en dépit de la crainte qu'il ne t'avale.

Ray Charles

Mille chevaux d'écume

« Suivre l'étoile,
Peu m'importent
mes chances
Peu m'importe le temps
Ou ma désespérance.
Et puis lutter toujours,
Sans question ni repos
Se damner
Pour l'or d'un mot d'amour. »

Jacques Brel, *La Quête*, 1968.

Ray Charles
au piano, 1964.
Photographié
par Tony Evans.

Évidemment, elle n'était pas là. Évidemment, elle était là. Dans chacun de mes pas d'homme sans vue mais tous sens suraiguisés, dans chaque seconde du manque de sa personne, petite, frêle, fétu de femme, dans l'absence de sa peau, de sa voix, de ses cheveux extraordinaires aussi doux que la soie, dans chaque instant fugace – ou pas – de peur, réelle, pure, profonde, la peur, malgré la confiance en moi, de ne pas réaliser quelques-uns de mes rêves, comme celui d'écrire de la musique, de l'entendre interprétée par d'autres, de l'interpréter moi-même, le rêve de chanter, celui de poser mes notes sur un microsillon, le rêve de jouer à Carnegie Hall[1], le rêve d'être aussi adulé que Nat King Cole, cet homme dont je fus amoureux, à cause de sa voix, son style, sa musicalité, la façon dont il s'accompagnait lui-même au piano... le rêve de réussir quelque chose, d'être libre et de quitter la prédation de la pauvreté infernale qui étrangla ma vie d'enfant, d'adolescent et de jeune adulte – « Quand je dis que nous étions pauvres, je l'orthographie avec un P majuscule. Même en comparaison des autres Noirs de Greenville, Floride, nous étions tout en bas de l'échelle sociale, les yeux toujours rivés sur tous les autres, plus hauts que nous[2] ».

Elle n'était pas là, puisque, sans que personne pût jamais me donner la vraie raison d'une disparition aussi brutale, elle était morte alors que j'avais à peine quinze ans, me plongeant dans un état de catatonie pendant plusieurs jours, me perçant un trou dans le cœur, jamais comblé. Elle était là, même après, puisque l'absence ne s'estompe, malgré les décennies écoulées, que je ne peux l'évoquer sans qu'un nœud ne coupe l'arrivée d'air dans ma gorge, sans que les larmes n'envahissent mon souvenir, que le sourire ne le cède au rictus d'un chagrin prêt à me sauter à la figure. Maman, Mama, Aretha, Retha... Quelle que soit la façon dont j'appréhende mes soixante-treize ans de problèmes au quotidien, elle a toujours été ma meilleure amie, de son vivant, celle grâce à qui tout fut possible, celle dont la voix guidait chacun de mes actes et devant laquelle j'aurais sans doute rapetissé sous l'effet de la honte si elle avait vécu assez pour être témoin de mes turpitudes. Retha qui, sans éducation, enceinte de moi à l'âge de quinze ans, puis de mon petit frère, George, à seize

« QUAND JE DIS QUE NOUS ÉTIONS PAUVRES, JE L'ORTHOGRAPHIE AVEC UN P MAJUSCULE. »

Ray Charles, *Le Blues dans la peau*, (1978) 2005.

ans, compagne illégitime d'un homme bien plus âgé, déjà marié, père abandonnique, dont les visites sporadiques ne me laissèrent guère d'autre souvenir de lui que sa stature immense et l'étrange « jeu » auquel il se livrait dans le même lit que maman, à ce moment de la nuit où ils me croyaient endormi. Retha, pauvre parmi les pauvres, reléguée, qui avait pourtant su, dotée d'une force de caractère et d'une clairvoyance dont j'ignore encore la source, décider que ses enfants ne dépendraient de personne.

« Jamais tu ne voleras, jamais tu ne supplieras. » Maman était celle qui ne pliait pas devant les chienneries d'une vie peu avare de lacérations, celle qui, comprenant qu'elle ne pourrait rien contre la désertion progressive de ma vue, m'obligea à me construire, me rêver, me considérer comme un garçon doté de toutes ses capacités. « Ne laisse jamais personne te traiter comme un infirme » faisait partie de ses mantras, raison pour laquelle elle exigea que je sache, malgré mes yeux ne me disant plus rien du monde extérieur, tenir à la perfection un foyer, cuisiner, laver, récurer, m'occuper de mon linge, repriser, repasser, couper du bois et lancer le feu dans l'âtre, compter l'argent et faire mes courses chez l'épicier. Avec elle, je compris que je *devrais* pouvoir tout faire, que je n'avais d'autre choix que d'apprendre à ne compter que sur moi-même. Que je pouvais être aveugle et rouler à bicyclette dans les rues de Greenville, être plus tard imbattable aux échecs ou n'avoir pas mon pareil pour réparer des transistors, mais aussi prendre des trains, des cars, des avions, descendre dans des villes dont je ne connaissais rien ni personne et me débrouiller pour trouver où loger, où jouer, où me nourrir. Je ne voulais ni canne, ni chien, ni sébile. Pas question pour moi de susciter pitié ou compassion.

« Je ne serai pas toujours là, tu dois apprendre à te débrouiller par toi-même », me poussait Retha, celle qui décida de me placer, dès que ma vue fut complètement abolie, vers l'âge de sept ans, dans une institution pour aveugles et malentendants, où j'apprendrai non seulement le braille, mais aussi la musique et toutes sortes de moyens manuels de prendre en charge ma propre carcasse. Quitter le giron de maman, si jeune, sans mes yeux, pour une ville inconnue, Saint Augustine, en Floride, et me retrouver au milieu de centaines d'enfants et d'adultes eux aussi inconnus ? Oui, ce fut un cauchemar, mais maman était inflexible et ce qu'elle ordonnait, je ne le discutais pas – « discipline était son deuxième prénom[3] ». À l'inverse de Mary Jane, première femme, épouse légitime, de mon père, que j'appelais « mère » – *Mother* – et qui, aussi étrange que cela vous paraisse, participa elle aussi à mon éducation, m'élevant comme le fils qu'elle avait toujours désiré. Mary Jane, tout ce que Retha n'était pas. Elle vivait elle aussi à Greenville, me passait toutes mes faiblesses, m'accueillait sous son toit – chauffé – chaque fois que nécessaire, m'aurait bien gardé à ses côtés plutôt que de m'envoyer, pendant huit ans, dans cette institution. Mais pour maman, la cause était entendue : son fils aîné montrait des prédispositions pour la musique, il avait commencé à perdre la vue à l'âge de cinq ans, elle allait lui permettre d'apprendre un métier. Cette école, payée par *l'État,* c'était une des rares opportunités données par notre vie, si courte mais déjà criblée de tant de drames et de misère.

Ray Charles, 1956.

Évidemment, elle était là et toujours là. La solitude. En dépit de l'amour de mes deux mères, de l'affection prodiguée par d'autres habitants de la ville, émus par mon sort – j'étais le seul aveugle dans tout Greenville –, en dépit de ma combativité, de mes dons et de leur effet sur mon entourage. Elle était là dès ma naissance, dans ma timidité de tout petit enfant, dans cette mélancolie ancrée, qui me tenait à l'écart des jeux de mes camarades, même si je me révélais un garnement aussi facétieux que n'importe quel gamin valide. Elle était là au moment de la mort de George, sous mes yeux, lui se noyant, moi tétanisé, glacé par la sensation de quelque chose d'anormal, de grave, mais comment en percevoir le caractère inéluctable quand on n'a que cinq ans et que la mort ne fait pas partie de votre vocabulaire ? Être pauvre, je savais ce que cela signifiait, avoir faim, je connaissais, être tancé, corrigé, frappé, tout cela n'avait plus guère de secret pour moi, être réconforté, aimé, me rouler contre le corps chaud de ma mère dans le lit que nous partagions, en ces petits matins froids, je l'avais éprouvé, mais la mort, qu'était-ce ? Un état définitif ? Que signifiait « définitif » ? Voir son frère sombrer dans une bassine à linge remplie d'eau, devant soi, ses petites jambes s'agiter, ses bras battre l'air, entendre ses grognements suffoqués, assister à ses efforts désespérés pour retrouver de l'oxygène, constater que ses yeux chavirent et ne rien pouvoir y faire. Maman accourant, tremblant, hurlant, attrapant George, lui massant la poitrine, lui frappant le dos, soufflant dans sa bouche, des larmes coulent de ses yeux jusque sur le visage de mon petit frère, mes oreilles bourdonnent, mon cœur bat si vite dans ma poitrine qu'il pourrait bientôt la déchirer, respirer me fait mal, déglutir aussi.

Pochette du 45 tours
What'd I say de
Ray Charles, 1959.

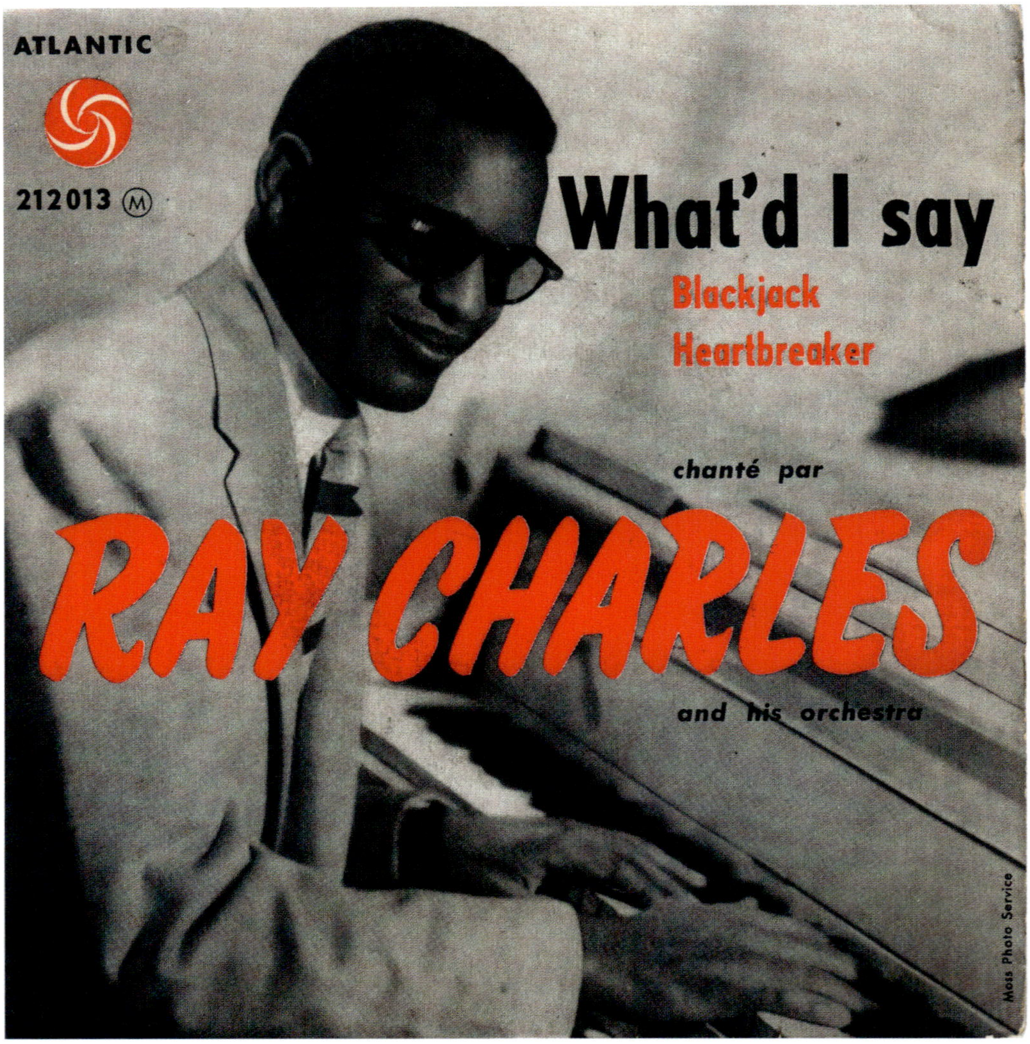

Maman portant dans la maison le corps inanimé de George, quatre ans, son petit génie des mathématiques qu'elle serre contre elle, le corps secoué de spasmes, tandis que paralysé, je reste sans voix…

Pendant tout ce temps, elle ne m'a pas quitté, cette compagne sinistre. Ni plus tard quand, arrivé depuis trois mois à l'école de Saint Augustine, aveugle, j'apprends que je ne rentrerai pas chez moi à Noël, car maman n'a pas de quoi payer le billet de train. Seul, à sept ans, dans cette institution, quand *tous* les autres enfants retournaient chez leurs parents pour les vacances de fin d'année. Encore là, la solitude, tout au long des années suivantes, même quand je m'assommais de travail, après avoir quitté l'école de mon propre chef et pris ma vie en main, à l'âge de quinze ans, maman à peine inhumée. Jacksonville puis Orlando, en Floride : les clubs douteux, les salles de danse réduites à des pièces minuscules, sans fenêtres, dotées d'un couloir étroit, dont un coin était occupé par un stand de poulet ou de poisson frit, un autre par quelques bidons de bière et le troisième par les musiciens, où l'on jouait de 21 heures à 1 heure pour une toute petite poignée de dollars, pas assez pour que je me nourrisse d'autre chose que de quelques haricots et sardines en boîte. Je crevais de faim ! Je tombais malade à force de peu manger, peu dormir, le corps assailli par le stress et le chagrin encore tout neuf du décès de maman. Peut-être la pire période de ma vie ? La pauvreté me persécutait. Je partis pour Seattle, j'avais à peine dix-huit ans, j'étais amoureux, je travaillais comme un damné. Travailler ou mourir, j'avais choisi. La solitude était toujours là, me suivant comme mon ombre. Ni la drogue, dont je commençais à apprécier la compagnie quasi quotidienne, ni le travail acharné, ni les femmes, ni mon ambition ne parvenaient à la faire taire. Me quitta-t-elle jamais, même quand le succès fut là ? Douze enfants – au moins – de neuf femmes différentes – au moins –, une vie passée sur les routes dix à onze mois sur douze, une renommée mondiale, et pourtant la paix intérieure n'était pas là.

Toujours seul et las face aux questions itératives des journalistes sur ma cécité, sur la mort de mon frère et la culpabilité que j'aurais dû, d'après eux, en concevoir, sur mon style, ma vie, la drogue, les nanas et la « trahison » de « la cause ». On ne m'entendait pas assez, paraît-il, défendre les mouvements pour les droits civiques. On ne me voyait pas marcher aux côtés des leaders africains-américains, ni participer à leurs meetings politiques. Sérieusement ? Ces gens imaginaient-ils que je ne m'étais pas rendu compte de la situation, que je n'en avais pas moi-même été victime à de nombreuses reprises, que je n'avais jamais entendu un Noir se faire défoncer le

« QUELLE IDÉE ÉTRANGE DE SÉPARER DES ENFANTS AVEUGLES... ILS NE POUVAIENT MÊME PAS SE VOIR ! »

Ray Charles, *Le Blues dans la peau*, (1978) 2005.

Ray Charles en concert au Carnegie Hall, New York, juillet 1966.

crâne par des policiers, sans raison valable ? N'avaient-ils eu vent ni des procès que je m'étais vu intenter pour l'annulation de concerts dans des salles ségréguées, ni de mon soutien financier au long cours au mouvement conduit par Martin Luther King ? Greenville m'avait relativement épargné, j'étais si jeune. Mais à Saint Augustine, peu importait que nous ne fussions âgés que de six ou sept ans : enfants aveugles blancs et enfants aveugles noirs, nous étions séparés. « Il y avait des locaux pour les Blancs et d'autres pour les Noirs. Et quand vous étiez un enfant noir, vous saviez immédiatement qu'aucun mélange n'était possible. Même nos enseignants étaient obligatoirement noirs [...]. Quelle idée étrange de séparer des enfants aveugles... Ils ne pouvaient même pas se voir ![4] » Je n'étais pas un intellectuel, pas un universitaire, je n'avais pas la faconde nécessaire pour formuler un discours politique, j'étais un « péquenaud », un type né dans le Sud, un mec de la campagne – « un homme des bois ! Et ça, c'est le début du début de toute description à mon sujet[5] » –, mais tous ces gens qui critiquaient mon manque d'engagement, avaient-ils seulement écouté ma musique ? Se rendaient-ils compte de tout ce que j'avais été le premier Noir américain à accomplir, et à quel point j'ouvris la voie à tous les autres Noirs américains ? Qui d'autre avant moi, noir ou blanc, avait jamais obtenu d'une maison de disques le contrat que je décrochai chez ABC, en 1959, faisant de moi à la fois un chanteur et un producteur rémunéré ? Quel musicien noir avant moi avait fondé sa propre maison de disques ? À quel autre musicien, noir ou blanc, une maison de disques, dans les années 1950 et 1960, laissa-t-elle totale latitude dans le choix de ses arrangements, de ses musiciens, des paroles de ses chansons ou de la couleur musicale d'un disque, sans jamais s'autoriser à remettre en cause ses choix artistiques ? Parce que je refusais de rejeter les Blancs, parce que je travaillais avec des Américains juifs et que je comptais parmi eux des amis profondément chers, parce que je me suis rendu en Israël et que j'y ai longuement rencontré Ben Gourion, que j'ai chanté avec lui la *Hava Nagila*, je trahissais « la cause » ? « Je n'ai pas le temps pour l'amertume. J'ai tout vu (de l'oppression) mec. Je sais tout de ces endroits aux fontaines desquels je n'avais pas le droit de m'abreuver, je connais ces

STEINWA

lieux dont je ne pouvais pas utiliser les toilettes [...] mais je ne veux pas laisser cela interférer avec ce que je construis. Je suis dans ce business parce que j'aime la musique. Je ne peux pas me permettre de laisser l'amertume m'envahir[6].»

Oui, je soutenais les combats et les actions de Martin Luther King. Non, je ne participai à aucune marche, et c'était la moindre de mes libertés – « d'abord parce que je n'aurais pas su quand me carapater au moment où ils commenceraient à nous jeter des tessons de bouteille à la tête pour nous faire reculer, ensuite parce que j'aurais compromis les objectifs de Martin. Avec mon caractère, je n'aurais tout simplement pas supporté certaines atteintes. Je peux endurer les abus. Vous pouvez me traiter d'imbécile, de sale fils de pute, me vouer aux gémonies toute une nuit, ce n'est pas grave [...] mais si jamais vous me touchez, si vous me frappez, si vous commencez à vous approcher trop près de moi, c'est autre chose, mec. Je frappe en retour. Je déteste la violence, je ne crois pas à la violence. Je suis violent si la violence vient à moi[7] ». Qui pouvait sérieusement imaginer que la situation des Noirs aux États-Unis me fût indifférente ? Ou que j'ignorais combien les portes m'auraient été plus facilement

ouvertes si j'avais été blanc ? Croient-ils que j'ignorais que tous ces Blancs qui me célébraient voulaient bien m'avoir dans leur poste de radio ou sur des galettes de 33 tours, mais que jamais ils ne m'auraient accepté dans les draps de leur fille ou à leur table, traité d'égal à égal ?

Évidemment, elle était là, elle est toujours là. Aussi loin que remontent mes souvenirs, seul réel contrepoids à ma neurasthénie, seul vrai remède à mon désespoir, seul pilier qui ne se déroba jamais. Ma musique. Elle était là quand, âgé d'à peine trois ans, je me juchais sur le tabouret de Wylie Pitman, l'homme qui tenait un café-épicerie, chez qui nous louions une chambre de temps à autre, quand maman ne pouvait plus payer le loyer de la maison. Mr. Pit, comme je l'appelais, jouait du boogie-woogie sur un piano et je passais des heures à l'écouter. Ma musique était là quand j'appris le piano, le saxophone, la trompette et l'orgue à l'école de Saint Augustine. Elle était là quand j'ai commencé à jouer dans des clubs à l'âge de treize ans, imitant Charles Brown et Nat King Cole… Elle était là quand je créais des ponts entre blues, country music, gospel et boogie-woogie, inventant la soul. Elle était dans les centaines de milliers de kilomètres parcourus avec mes musiciens, dans les dizaines de milliers d'heures de répétition, mon exigence de perfection me rendant irascible. Elle était là quand Frank Sinatra me baptisa *The Genius*, autant pour mon beat que pour mon sens du business. Elle ne me quitta jamais, malgré vingt années d'addiction à l'héroïne et à l'herbe, malgré l'alcool. La musique était dans chacun de mes pores, dans ma tête… c'est cela, elle était dans ma tête et je n'avais plus qu'à l'interpréter, avec le souci d'en produire de la bonne – « certains soirs, mec, j'imagine que c'est une question d'humeur, tu vois. Je ne sais pas trop ce qui se passe en moi, mais je suis en train de chanter une chanson et pour une raison ou une autre, elle réveille quelque chose en moi et alors je me sens triste. Cette chanson me touche, me blesse ou quelque chose du genre, je ne sais pas. Je me mets alors à pleurer. Rien à faire[8] »… Beauté de ma musique, solitude du génie, résurgence des tragédies. « Les oiseaux de lune s'accrochent à la brume[9] ».

Séquences du film *The Blues Brothers,* de John Landis, avec Ray Charles, 1980.

William Faulkner

Un enfant du pays

« Dis-moi une chose : vous avez ça dans le sang, chez vous ? »

Pete Dexter, *Train*, 2003, trad. fr. *Train*, Paris, Éditions de l'Olivier, 2005.

William Faulkner, 1er mars 1962. Photographié par Carl Mydans.

La littérature, point. C'était tout ce qu'il voulait léguer au monde, tout ce pour quoi il avait travaillé pendant trente ans, luttant contre les démons d'un territoire d'origine criminelle, atavisme inaliénable – « Il n'y a pas de "était", il n'y a que "est". Si "était" existait, il n'y aurait ni chagrin ni souffrance[1] » –, s'érigeant conscience contre ceux qui auraient voulu en faire table rase, se débattant, à la fois jouet et complice d'un alcoolisme tenace. La littérature et rien d'autre. À l'écart du monde, sur son territoire, en son *lieu,* le comté de Lafayette, dans le Mississippi, en la ville d'Oxford, rebaptisés, dans toute son œuvre, comté de Yoknapatawpha – le vrai nom indien – et ville de Jefferson. Ce Sud, où « l'eau a meilleur goût quand elle est restée quelque temps dans un seau en cyprès[2] » et dont « le reste des États-Unis ne connaît à peu près rien[3] ». Loin aussi des siens, comparses êtres humains, fussent-ils ses semblables en tous points. Ni les honneurs, ni les prix, ni les hourras, ni la fréquentation de l'autre, ni les files de lecteurs enfiévrés, les salles bondées d'étudiants acquis à sa prose, les journalistes enamourés, les éditorialistes enragés, les regards intrusifs, les flashes, les objectifs, la curiosité fétichiste de badauds volant tout effet personnel qu'il aurait eu l'imprudence de laisser traîner dans son jardin – après l'attribution du prix Nobel de littérature, en 1949. Rien de tout cela ne l'intéressait. Non plus que de choisir son rôle, écrivit-il en 1956, entre porte-parole du suprémaciste White Citizens' Council et soutien de la NAACP défendant les droits des Africains-Américains. Pas de monde en noir et blanc, sans mauvais jeu de mots. Lui se situait au juste milieu. Eau tiède ? Au diable ces soubresauts conjoncturels ! Qu'attendait-on ? Qu'il se pique de débats futiles, selon lui, au regard de l'histoire, alors qu'il était occupé à construire une « clé de voûte de l'univers[4] » ? Il n'avait qu'un camp, celui du Sud. Son Sud, inamovible, déjà riche de tant de personnages et situations, haïssables ou émouvants, qu'il défendrait les armes à la main s'il le fallait, contre les États-Unis et contre le monde entier des âmes sensibles, dût-il, pour cela, « tirer sur des Noirs[5] ».

Quoi, la violence ? Quelle violence ? Dans le Sud, on savait faire ! Des lynchages, il en avait été témoin dès l'âge de onze ans, en 1908, à Oxford, sa ville, celle des Faulkner. Un parmi les deux mille personnes grondant d'aise devant le martyre de Nelse Patton, Noir accusé du viol et du meurtre d'une Blanche, le corps dénudé, criblé de balles, traîné sur plusieurs dizaines de mètres, castré, pendu à un arbre. Faulkner n'en fera-t-il pas la transposition avec le lynchage de Joe Christmas dans *Lumière d'août* ? La violence ? Celle qui coulait dans ses veines d'arrière-petit-fils d'un propriétaire d'esclaves – deux fois accusé de meurtre, deux fois acquitté, tué en duel au pistolet –, de petit-fils d'un homme blessé lors d'un règlement de comptes avec l'énervé qui venait de tirer sur le propre père de Faulkner, celui-là atteint de deux balles dans le dos et d'une autre à la mâchoire… La violence, sédiment de tout le territoire détrempé par l'outrage fait aux Indiens, quand elle n'était pas mêlée au charroi de l'énorme fleuve Mississippi, vortex avalant les haines, les déposant, tranquille, dans les bayous stagnants, remugles d'atrocités, ou les vomissant à toute vitesse, cadavres d'animaux de ferme démembrés, poutres, charrettes en miettes, troncs d'arbres, embarcations pulvérisées, dépouilles d'assassinés jamais réclamées, cloches d'églises emportées, ventres enflés de chevaux sauvages noyés lors de crues apocalyptiques submergeant, impitoyables, toute une région, emplissant, riches, les poumons de plusieurs États, comme quand la rage de ce maître des lieux conduisit à l'évacuation de cinq cent mille personnes, dont une grande majorité de Noirs, pauvres, en 1927. *Si je t'oublie, Jérusalem*[6] ! Voilà la colère à laquelle m'expose *Old Man,* le vieux fleuve, notre père à tous.

La violence ? Celle d'un imaginaire dans lequel « Même mort, le corps ne laisse pas en paix, pas plus que ne reste en paix la terre dans laquelle il est voué à disparaître. Il n'y a ni miracle, ni providence.[7] » Darl, personnage de *Tandis que j'agonise,* se lamente : « Comme nos vies se défont, dans le vide et le silence ! Gestes las, qu'avec lassitude on répète : échos d'appels séculaires tirés par des bras sans mains, d'instruments sans ordres. » De tout cela, tandis que « la route filait entre des haies parallèles à leurs ombres fantastiques et grotesques. Au-delà des gommiers et des caroubiers qui la bordaient, des étendues de vignes fraîchement défoncées ou en train de l'être s'allongeaient jusqu'à des bouquets de bois d'un vert tout neuf éclaboussé de sorbiers et d'arbres de Judée ». Et parce que « c'était là

« L'ESPOIR,
LA CHOSE
LA PLUS DIFFICILE
À BRISER,
À LAISSER S'ÉCHAPPER,
LA CHOSE DONT
IL EST LE PLUS DUR
DE SE DÉBARRASSER,
LA DERNIÈRE CHOSE DONT NOUS,
PAUVRES PÉCHEURS, ACCEPTONS
DE NOUS SÉPARER. »

William Faulkner, *Requiem pour une nonne,* 1951.

Affiche du film
Après nous le déluge
(*Today We Live*),
de Howard Hawks,
avec Gary Cooper,
Joan Crawford
et Robert Young,
1933, adaptation
de la nouvelle
Turnabout de
William Faulkner,
qui en signe
les dialogues.

le haut pays, qui s'étendait en pentes vallonnées sur le bleu uniforme des collines[8] », protégé des conquêtes de la stupidité humaine, William Faulkner entendait *se créer* « un cosmos personnel[9] » où « l'incessante et irréelle redite des grillons et des grenouilles[10] » serait aussi importante que n'importe quel personnage. Être lu, décrypté à travers les pérégrinations de sa pensée, les méandres de ses récits, les emportements de sa main. Même si écrire, c'était la certitude d'une médiocrité, le lancinant sentiment d'échec, l'envie assurée de tout déchirer, tout brûler, à peine le dernier mot relu, puisque, toujours, il y avait mieux à faire, quelque part, en un lieu de la création demeuré inviolé – « Si je pouvais réécrire toute mon œuvre, je suis persuadé que je ferais bien mieux, ce qui est l'état d'esprit le plus sain pour un artiste. C'est pour cela qu'il continue à travailler, à essayer encore ; il croit chaque fois qu'il va y arriver, qu'il va réussir. Bien entendu, cela ne sera pas le cas[11]. » Écrire n'était pas dompter le doute, acquitter ses dettes, faire la paix avec soi et encore moins dire, délivrer, guider. Qu'on n'attende pas de lui des choses qu'il ne lui serait même pas venu à l'idée de donner. Rendre justice ? Peut-être.

Justice pour le grand Blanc du Sud mis à genoux par la guerre de Sécession et la débâcle d'un monde construit par lui, pionnier ayant affronté mille périls, propriétaire d'esclaves, caste la plus élevée de la hiérarchie sociale, richissime exploiteur de tabac, de blé, de maïs, mais surtout de coton, tout ce coton nourri aux alluvions du vieux fleuve, éclatant d'une insolente blancheur, destiné à vêtir les marchés européens en plein boom. « Son rêve, son vaste domaine était maintenant divisé en misérables petites fermes hypothéquées que se disputaient les banquiers de Jefferson[12]. » Justice pour sa femme, veuve ou Pénélope restée « des jours et des jours, des mois et des mois dans une maison à des lieues de n'importe quel endroit habité et passant son temps, en attendant les listes de tués, à déchirer des draps de lit, des rideaux de fenêtre et du linge de table pour en faire de la charpie ; à regarder diminuer le sucre, la farine et la viande en se servant de nœuds de sapin pour s'éclairer, parce qu'il n'y a plus de bougies, et, en admettant qu'il en reste, plus de chandeliers pour les mettre ; à se cacher dans des cases de nègres pendant que les généraux yankees plus ou moins saouls mettent le feu à la maison que votre arrière-grand-père a bâtie et où sont nés tous les vôtres[13] »… Justice pour son aînée, souvent vieille fille,

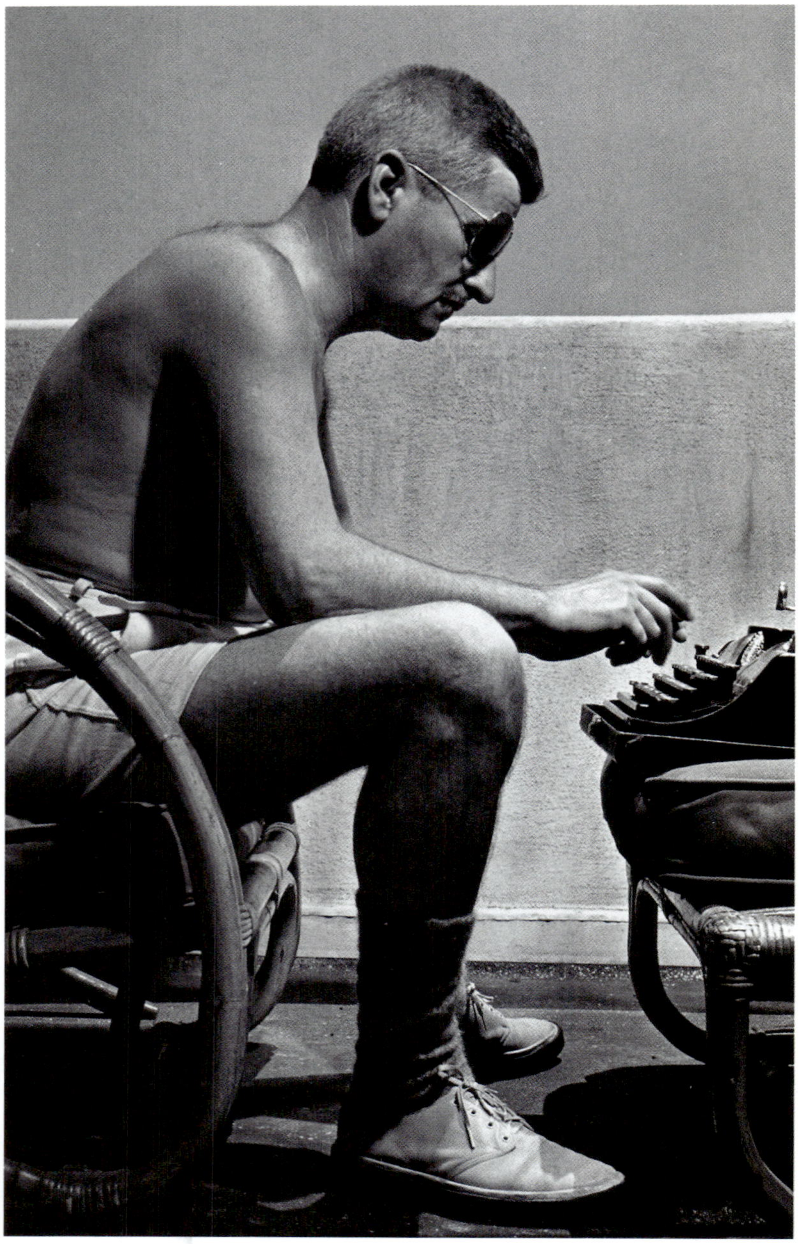

William Faulkner écrivant un scénario à Hollywood (Californie), années 1940. Photographié par Alfred Eriss.

le cœur vérolé d'une culpabilité inconsciente, murée « dans l'éternel noir qu'elle portait depuis quarante-trois ans pour sa sœur, son père ou son absence de mari, nul ne le savait[14] ». Justice, surtout, pour l'incarnation de sa honte, de son déclassement, de sa défaite, l'objet de son mépris le plus haineux : le petit Blanc désargenté, *poor white trash* dit la rue américaine, restant à la porte du grand Blanc, pris de haut par les Noirs même quand ils étaient encore esclaves, s'exténuant sur une terre qui ne lui appartenait pas, nomade chassé par la faim, la nécessité, les rumeurs malveillantes, les propriétaires fonciers voyous, devenu soudain visible, à mesure que, telle une crue du fleuve se retirant, des centaines de milliers de Noirs, affranchis, fuyaient le Sud, montant vers les États industrieux du Nord pourvoyeurs d'emplois et de conditions de vie promises meilleures. Le Blanc pauvre resté debout sur les ruines du Sud effondré, arrivé « dans des chariots délabrés, à dos de mulet et même à pied, avec des fusils à pierre, des chiens et des enfants, des alambics pour fabriquer leur propre whisky, et leurs recueils de psaumes protestants [...]. Ils choisissaient un morceau de terre, construisaient une baraque d'une ou deux pièces qu'ils ne peignaient jamais, se mariaient entre eux, faisaient des enfants, puis ajoutaient une à une d'autres pièces à la baraque, sans jamais les peindre, et c'était tout[15]. » Ils sont les Snopes, les Burden, des va-nu-pieds, cracheurs de longs jus de tabac chiqué, « ample fille molle à la poitrine déjà formée bien qu'elle n'ait que treize ans, aux yeux pareils à des raisins de serre embués, à la bouche charnue, humide, toujours entrouverte[16] », mère agonisante regardant depuis son lit de mort ses proches lui fabriquer un cercueil de fortune, pères faisant monter leur marmaille dans une carriole, avec

un macchabée puant à bord, attirant les vautours et révulsant les populations des bourgs où ils font halte – « Il y avait huit jours que c'était mort [...]. Ils arrivaient d'un endroit, là-bas, dans le comté de Yoknapatawpha, et ils essayaient d'arriver avec ça jusqu'à Jefferson. Ça devait être comme un morceau de fromage pourri tombé dans une fourmilière[17] » –, ils sont ceux que l'on accuse de brûler les granges, ceux de la petitesse, des mesquineries exercées ou subies, acteurs de la jalousie, victimes des rancœurs entre pauvres et moins pauvres, entre riches et opprimés.

William Faulkner fumant la pipe parmi ses chevaux, dans sa propriété de Rowan Oak (Mississippi), années 1950. Photographié par Mario De Biasi.

Le mythe de la triomphale conquête de l'Ouest et de son ruissellement sur tout le Sud, les belles demeures de Margaret Mitchell, la famille, vertu cardinale de l'Amérique puritaine : tout cela s'est délité. Poussière ocre. Crépuscule. Le rêve d'ascension a déserté le front barré d'angoisse de ces Blancs pauvres, de ces ex-riches, de ces femmes redoutant qu'avec leur conquête d'égalité, les Noirs n'aient davantage de droits qu'elles. Les belles demeures ne sont plus, pour beaucoup, que des carcasses noircies, et il faudra un siècle pour remettre à l'endroit ce grand morceau d'Amérique. La famille, parfois incestueuse, dégénérée, parricide, est par ailleurs constellée de surgeons métis, rappels malicieux du réel brouillant le tableau de l'idéal foyer blanc. Le Sud est en voie d'extinction mais il ne le sait pas encore. Car un nouveau rêve se lève, vent de progrès, autre conception de la hiérarchie sociale et de la distribution des places. Le Nord a gagné. Ses grandes villes, ses échanges commerciaux avec le monde, son essor industriel, ses déplacements de population, ses élites intellectuelles, ses universités ouvertes à tous, son message à la planète, tandis que de l'autre côté de l'Atlantique, deux conflits majeurs et l'abomination des fascismes ont contraint gouvernements et sociétés abasourdies à reconsidérer l'humain et sa vulnérabilité, au moment même où les États-Unis libérateurs – et leur *way of life* – y acquièrent l'image de première démocratie mondiale, où des empires coloniaux vacillent, des peuples se libèrent... Or le Sud ne veut pas changer. Faulkner, non plus. Immuables.

Certes, l'auteur de *Descends, Moïse* et de *L'Intrus* n'avait eu de cesse, de livre en livre, d'interroger son siècle, son lieu, ses gens, lui-même, d'ouvrir à la brûlure du grand jour les malédictions héréditaires, plaies purulentes, gangrènes dissimulées sous les non-dits, cousues d'impensés mais non moins vénéneuses : les massacres de populations indiennes autochtones, les viols d'esclaves noirs par des maîtres blancs, les intrications entre populations et destinées, les haines patiemment tissées sur des siècles de mensonge et de cruauté. Certes, il avait publiquement pris position contre la ségrégation, s'exposant à des menaces, lettres incendiaires et ruptures familiales. Mais à moins d'être soi-même raciste – toujours l'atavisme ? –, comment peut-on passer si loin d'une transformation aussi majeure de l'histoire de ses contemporains, de ses voisins, de ses gens ? *Go slow!* Allez-y doucement, répondait – dans le meilleur des cas – le plus grand auteur du Sud des États-Unis aux intellectuels noirs quand ils faisaient appel à lui dans la lutte pour leurs droits. *Go slow,* mais dans quel but ? « Nous préférons la paix à l'égalité », se justifiera-t-il, dénonçant les troubles, prétendant parler en son nom, en celui de ceux des hommes et femmes du Sud qui réclamaient une marche à tout petits pas vers l'égalité, et même en celui des Africains-Américains du Mississippi. *Go slow,* car le Blanc ne veut pas se voir imposer par la loi de telles transformations, il préfère que la société se sente *prête* à les vivre. Et puis il y a la peur. Celle du remplacement, déjà.

Août 1955, le jeune Emmett Till, quatorze ans, Noir vivant avec sa mère à Chicago, passe quelques jours chez son oncle, à Money, dans le Mississippi. Il y est accusé d'avoir sifflé au passage d'une femme blanche, propriétaire de l'épicerie où il se trouvait, avec un groupe d'autres jeunes Noirs. Parole déplacée, geste de trop ? Les versions de la dame varient. Pour son mari, il ne fait pas de doute que ce petit Nègre mérite une bonne leçon. Il ira, avec son demi-frère, enlever Emmett Till chez son oncle, trois jours plus tard. Les deux hommes torturent l'adolescent pendant des heures, le conduisent près de la rivière Tallahatchie, l'obligent à se dévêtir, le battent presque à mort, lui arrachent les yeux, lui tirent une balle dans la tête, accrochent son corps, avec du fil barbelé, à une trieuse à coton, avant de le jeter à l'eau encore en vie… L'image du corps mutilé, boursouflé, défiguré d'Emmet Till bouleversera toute une génération de jeunes Noirs de son âge – et leurs parents –, que l'on retrouvera quelques années plus tard dans les premières grandes mobilisations pour les droits civiques. Ses deux assassins, acquittés, se vanteront ensuite de leur crime dans les journaux. Ce drame était-il pour effrayer Faulkner ? Dans une déclaration transmise à United Press quelques jours après, le prix Nobel de littérature, en déplacement à Rome, désormais obsédé par la menace communiste, s'alarme : « Quand comprendrons-nous que si un comté du Mississippi survit, alors tout le Mississippi aura survécu ? Que si le Mississippi survit, toute l'Amérique aura survécu, et que si l'Amérique survit, la race blanche dans son intégralité survivra ? La race blanche ne représente qu'un quart de la population mondiale […]. Quand comprendrons-nous donc que les hommes blancs ne peuvent plus se permettre de commettre des actes que les trois autres quarts de la race humaine trouveraient contestables, pas parce que ces actes sont en eux-mêmes criminels mais simplement parce qu'en face, les challengers et les accusateurs ne sont pas de pigmentation blanche ? Avons-nous, les Blancs américains qui pourraient participer à ou tolérer de tels actes, oublié ce qu'il y a quinze ans, les Japonais, pour ne parler que d'eux, nous ont fait ? Comment, dès lors, imaginer survivre au prochain Pearl Harbor, s'il était le fait non seulement des non-Blancs, mais aussi de tous ceux qui n'ont pas les mêmes idées politiques que nous – après que nous

William Faulkner, membre de la Royal Air Force, 1918. Photographié par John Bryson.

tions, postérieures, de Faulkner, d'où il ressortira que « l'intégration » des Noirs est un mal nécessaire, inéluctable, et qu'il leur reviendra de « démontrer » s'ils « méritent » ou pas l'égalité qui leur est octroyée.

La famille Pierce, devant sa maison, dans le hameau de Dutch Bend (Mississippi), qui inspira William Faulkner, juillet 1962. Photographiée par John Dominis.

leur auront démontré que quand nous parlons de liberté et de justice, nous n'en croyons pas un mot, que nous ne pensons pas à la sécurité, à la justice, ni même à la sauvegarde de ceux qui ne sont pas de notre couleur de peau ? [...]. Pour que l'Amérique survive, nous devons choisir et défendre le fait que tous les Américains présentent un front uni et indivisible, qu'ils soient blancs, noirs, violets, bleus ou verts. Peut-être allons-nous découvrir, maintenant, si nous pouvons survivre ou non. Peut-être que l'objet de cette triste et tragique erreur commise dans mon Mississippi natal par deux Blancs adultes sur un jeune Noir diminué, est de nous prouver si oui ou non nous méritons de survivre. Parce que si nous, en Amérique, avons atteint ce point de désagrégation de nos valeurs, que nous devions tuer un enfant, quelle que soit la raison, quelle que soit sa couleur, nous ne méritons pas de survivre, et probablement nous n'y parviendrons pas. » Splendide mise en cause, mais équivoque. Finalement, quel est le plus grave ? L'assassinat d'Emmett Till ou ses conséquences pour l'Amérique et pour « la race blanche » ? Le doute n'est plus de mise, au regard de nombreuses déclara-

N'allons pas trop vite, martèle Faulkner, ne brusquons pas le Sud. N'imposons pas par la loi ce dont les populations du Sud ne veulent pas. Attendons encore. Il le redira dans un long texte publié en mars 1956 par *Life*, cette invraisemblable tribune intitulée « A Letter to the North » (Lettre au Nord), dans laquelle il écrit être contre l'intégration obligatoire (décidée par la loi) avec la même énergie qu'il avait été contre la ségrégation obligatoire. L'application, dans le Sud, de l'arrêt de la Cour suprême des États-Unis datant de 1954 et déclarant illégale la ségrégation dans les universités provoquera, prévient-il, des violences. Mais la violence, ajoute-t-il, est le fait d'un État fédéral qui veut imposer sa loi, plus que de ceux qui entendent défendre leur mode de vie ancestral. Faulkner fait référence à l'entêtement d'Autherine Lucy, décidée à intégrer l'université d'Alabama en 1956 malgré les menaces de troubles, et à propos de qui il déclarait, quinze jours après sa tribune dans *Life* : « Si cette jeune fille retourne à Tuscaloosa, elle mourra. Dès lors, le couvercle va sauter. L'État va envoyer ses troupes et nous reviendrons à 1860 [...]. S'il faut se battre, je me battrai contre les États-Unis, pour le Mississippi, même si cela signifie sortir dans la rue et tirer sur des Noirs. Je continuerai de dire que les sudistes ont tort et que leur position n'est pas tenable, mais s'il faut faire le choix de Robert E. Lee, je le ferai[18] »... Propos retirés ensuite, Faulkner affirmant les avoir tenus – ceux-là, au moins – sous l'emprise de la boisson. L'alcool, ce vieux besoin qui l'emportera dans la tombe, en 1962, un an avant la *Lettre d'un prisonnier de Birmingham* dans laquelle Martin Luther King en venait « à la regrettable conclusion que le principal obstacle sur la route des Noirs pour la liberté [n'est] pas le membre du White Citizens' Council, ni celui du Ku Klux Klan, mais le Blanc modéré, plus attaché à l'ordre qu'à la justice ; qui préfère une paix négative, c'est-à-dire l'absence de tensions, à une paix positive, qui suppose la justice ; celui qui répète : "je suis d'accord avec le but que vous poursuivez, mais je ne peux pas être d'accord avec votre méthode", ce paternaliste qui pense pouvoir ordonner le menu de sa liberté pour autre homme, qui vit dans un temps fantasmé et enjoint systématiquement au Noir l'attente d'un moment plus opportun ».

Rues de Washington
dévastées après les
émeutes consécutives
à l'assassinat de
Martin Luther King,
avril 1968.

Martin Luther King

Sortir de la grande nuit

« L'Amérique n'est pas le monde. Si l'Amérique veut devenir une nation, elle devra trouver un moyen. Si ce pays ne trouve pas un moyen d'utiliser cette énergie, il sera détruit par elle. »

James Baldwin, « A Talk to Teachers », 1963 in *The Price of the Ticket: Collected Nonfiction, 1948-1985*, 1985.

Martin Luther King, vers 1966.

L'utopie, ou rendre possible ce que l'on croyait impossible. L'utopie, ou mouvoir ce qui semblait aussi inébranlable qu'une cordillère. « Sa communauté bien-aimée » et bien-aimante, exempte de conflits, ce monde dans lequel « ce que des hommes centrés sur eux-mêmes ont détruit peut être reconstruit par d'autres hommes, dédiés à leur prochain[1] », était-ce trop demander ? Contre l'amertume qui nécrose le cœur, épuise les forces créatrices de l'individu, contre les haines mutuelles, articuler le concept de l'*agapê*, l'amour universel, amour de la vie, de l'être, de l'autre, de la beauté et en faire une boussole, voire un Graal, était-ce placer trop d'espoir en l'humanité ? Lui, l'intellectuel, brillant élève, de 1944 à 1948, au Morehouse College dédié à l'éducation des jeunes Noirs africains-américains, à Atlanta, étudiant surclassant ses camarades à l'université de Boston entre 1953 et 1956, fils, petit-fils, arrière-petit-fils de pasteur évangéliste qui se décrivait avant tout « comme en [son] for intérieur, [...] un homme d'Église[2] », grandit dans une famille instruite, obnubilée par l'adéquation exhaustive entre tout acte de l'existence et la morale divine, petite bourgeoisie noire de Géorgie du début du XXe siècle. Lui qui, bien qu'apparu au monde en 1929 à la confluence de deux effondrements mentaux collectifs de dimensions nationales – la « Grande Migration » et la « Grande Dépression » –, nés pour l'un de l'incommensurable déception de millions de Noirs fuyant pleins d'espoir la bombe, le revolver, la croix enflammée, la corde et le dénuement du Sud pour ne trouver au Nord que discrimination, mépris et pauvreté, pour l'autre de la pulvérisation généralisée d'attentes placées par un pays entier, le pays blanc, dans l'explosion économique promise, une prospérité les attendant au coin de la rue mais semblant reculer à mesure que leurs pas les en approchaient. Lui qui ne connut jamais, dans ses chairs, la faim, celle qui tordait les boyaux de millions des « siens », la vermine infestant leurs matelas, les rats couinant et grattant au chaud de plinthes vermoulues, les courants d'air transperçant des cloisons fragiles, lui se ferait pourtant le porte-parole de leur misère, devant le monde entier. Lui, *The King of Love* prêchant la lutte contre l'injustice plutôt que le combat contre l'injuste, la main tendue à l'adversaire, pour mieux bâtir avec lui une société différente plutôt qu'alimenter son

« VIENT UN TEMPS OÙ SE TAIRE, C'EST TRAHIR. »

Martin Luther King, discours dénonçant la guerre au Viêt Nam, 4 avril 1967.

Martin Luther King, vers 1966.

rejet, était-il dans l'erreur ? King martelant que l'homme devait s'arracher à l'engourdissement du conflit en trouvant une méthode qui l'écarterait de la tentation de la revanche, de la violence ou du poison des représailles, estimant que « cette méthode [c'est] l'amour[2] », s'adressant à « tous ceux pour qui la beauté se confond avec la vérité, et la vérité avec la beauté », élevant l'Africain-Américain, l'homme noir jadis asservi, au rang d'incarnation de la conscience d'une nation et cette nation au rang de phare pour l'humanité, propulsant son frère être humain bien au-delà des idées séparatistes riquiqui d'un Elijah Muhammad et de son fantasme d'« État noir » clos sur lui-même, enclave au sein d'un continent, lui, a-t-il échoué ?

Il y a déprime et désenchantement assurés à comparer les discours d'hier et les faits d'aujourd'hui. Les rêves haut formulés et leurs rares achèvements deux générations plus tard. Il y a tristesse à mesurer le chemin restant à parcourir, la somme des désillusions, le sentiment de découragement devant une lutte « jamais » achevée, l'inéluctable de l'éternel recommencement à peine un sommet de la cordillère franchi et alors que dans la neige du précédent s'effacent déjà les traces de nos acquis. Ainsi du discours tenu par Martin Luther King le 4 avril 1967, un an jour pour jour avant sa mort, dans lequel il dénonce la guerre menée par son pays au Viêt Nam. Réentendre son indignation devant « les méthodes qui consistent à brûler au napalm des êtres humains, à remplir d'orphelins et de veuves les foyers de notre pays, à injecter dans les veines de gens normaux des drogues de haine, à renvoyer chez eux après de sanglantes batailles des soldats diminués dans leur corps et dans leur âme ». La voix vibre, et profonde, vous hante : « Une nation qui continue, année après année, à consacrer plus d'argent à son budget militaire qu'à ses programmes de développement social est proche de la mort spirituelle »... Combien de fois et sous combien de cieux aurait-il fallu, depuis, répéter ce discours ? Comme sa dénonciation du feu nucléaire menaçant de nous éradiquer plusieurs fois de la surface du globe ?

Chemin parcouru, chemin restant à parcourir, chemin à reconquérir. Martin Luther King n'a pas vingt ans quand il commence à militer au sein de la NAACP, l'association nationale pour l'avancement des gens de couleur. Il est déjà pasteur à Montgomery, en Alabama, mais encore à deux ans de terminer son cursus universitaire, quand, en 1954, la Cour suprême des États-Unis déclare inconstitutionnelle la ségrégation dans les écoles. Un pas immense. Désormais, en théorie, les enfants noirs auront accès à l'instruction. Il n'a pas encore son doctorat en théologie en poche, quand, à vingt-six ans, conscience à l'affût, pensée de la non-violence construite, art oratoire prêt à éblouir la planète, il voit sa vie, et avec elle celle de tout un pays, prendre un tournant : Luther King le sait-il ? Il va mener une campagne de boycottage des transports publics en Alabama et, par la même occasion, saisir son destin.

Rosa Parks est couturière, elle rentre du travail en ce 1er décembre 1955, et lasse, s'assoit dans un bus. Monte un Blanc, devant lequel elle devrait se lever, baisser les yeux et prendre la direction du fond du véhicule… Mais Rosa Parks est également membre de la NAACP, et depuis plusieurs mois, les leaders du mouvement parlent d'un coup d'éclat à réaliser. Et si c'était celui-là ? Une année de refus total de la part des Noirs et de quelques Blancs d'utiliser les services de la compagnie de bus – qui la réduit à une situation de quasi-faillite – aura raison des lois racistes. Ce jour-là dans les transports, le lendemain dans les restaurants, les cafés, les cinémas, les piscines, les stades… Il n'est pas un lieu public dont l'obstination non violente du pasteur King et de ses ouailles ou disciples, dont le courage d'étudiants noirs lançant le concept de sit-in, n'obtiennent, en une décennie, qu'il soit ouvert à tous. En théorie. De la décision de la Cour suprême fédérale en 1956, après trois cent quatre-vingt-deux jours de boycottage des bus de Montgomery, mettant fin à la ségrégation dans les transports en commun sur

Parade du Ku Klux Klan, responsable d'attentats contre les droits civiques, dans le district de Columbia, Washington, 1927.

l'ensemble du territoire, au *Civil Rights Act* de 1964 abolissant toute forme de discrimination *raciale* dans les lieux publics, et surtout au *Voting Rights Act* de 1965 permettant à tout citoyen américain en âge de voter, quelle que soit la couleur de sa peau, de s'exprimer dans les urnes, l'Amérique et le monde changeront de visage. Non sans heurts, injures, coups, tortures, exécutions sommaires, arrestations par milliers, persécutions policières, chasses à l'homme, machinations, fausses accusations, meurtres, assassinats, centaines d'attentats à la bombe visant des militants antiségrégation et incendies de maisons destinés à décourager les familles noires prétendant sortir du ghetto, lynchages, manifestations dispersées à balles réelles… « Je n'oublie pas que hier encore, à Birmingham, en Alabama, nos enfants qui imploraient un sentiment de fraternité ont été accueillis par des lances à incendie, des chiens féroces, et même la mort. Je n'oublie pas que, hier encore, à Philadelphia, dans le Mississippi, de jeunes gens désireux d'exercer leur droit de vote ont été brutalisés et assassinés[4]. »

Or de cette « longue nuit d'injustice raciale » comme il la nomme lui-même, King prétend pouvoir sortir « les siens », et avec eux tout le pays, sans violence ni naïveté. La non-violence est tout sauf résignation, autre joue tendue ou acceptation. Elle n'est ni conte pour enfants sages, ni passivité, mais pari sur l'empathie, l'amour, la volonté de construire ensemble. La résistance non violente, c'est faire face à l'adversaire sans l'humilier ni l'écraser, mais sans non plus céder un pouce de sa détermination, notamment à le convaincre qu'une autre acception du monde existe. Elle est confiance en l'homme et en sa capacité à dominer le mal en lui. Elle est lutte qui, sous des dehors fleuris, peut se révéler pelote d'épines. Cette non-violence en vertu de laquelle King lèvera les foules, organisera des marches rassemblant des dizaines de milliers de participants, marquera l'humanité. Montgomery en Alabama, Greensboro en Caroline du Nord, Birmingham en Alabama, Albany en Géorgie, Selma en Alabama, Washington, la capitale fédérale... Quand le système entier voudrait faire de lui et des « siens » *(my people)* des animaux sauvages répondant à la violence par la violence, à la haine par la haine, à la provocation par le meurtre, choisir la non-violence, c'est réagir en être libre et insoumis. C'est prendre l'ascendant sur l'oppresseur, dire « je n'ai pas peur de toi, je ne serai pas le sauvage que tu voudrais », c'est le mettre face à sa condition d'être humain.

Pardon n'est pas oubli, comme le disent encore aujourd'hui beaucoup de Noirs sud-africains commentant la réconciliation post-apartheid dans leur propre pays. Pardonner, c'est guérir. Guérir l'auteur de la faute et sa victime. Construire, ensemble, demain. Rêver, comme ce jour de 1963 et de la marche sur Washington, le discours devant le Lincoln Memorial, l'entrée dans l'histoire. Le pasteur King, ses discours, ses livres, ses séjours en prison, son prix Nobel de la paix à l'âge de trente-cinq ans, son parcours de pèlerin de l'amour d'autrui – à la fin des années 1950, il sillonnera le pays et prononcera des centaines de discours, sera arrêté plusieurs dizaines de fois, menacé de mort, poignardé, reçu à la Maison-Blanche, invité à l'étranger, acclamé en Europe, hôte d'honneur de dirigeants africains. A-t-il laissé la théorie l'emporter sur le réel ? A-t-il trop voyagé, s'est-il trop approché du pouvoir et, l'esprit empli de l'urgence de la lutte, s'est-il coupé du quotidien de ceux dont il entendait porter la voix et défendre les droits ? S'est-il fourvoyé, trop occupé à défendre le principe ? Égalité dans les textes, droits constitutionnels reconnus, mais égalité de papier et droits fondamentaux non appliqués. Le pays est vaste, les combats à mener nombreux, les voix et voies plurielles.

Malentendus, dépit des Africains-Américains devant la relégation systématique dont ils sont l'objet, malgré les efforts individuels, les luttes collectives, la parole portée haut : la jeunesse noire des ghettos en a assez d'attendre. Elle ne croit plus à la non-violence, veut passer à l'action. Elle n'en peut plus de s'entendre répondre « *go slow* », de se voir discriminée à l'emploi, au logement, laissée pour compte, et les ghettos s'embrasent, tandis que le discours guerrier – et séparatiste – des Black Muslims de la Nation of Islam commence à percer. « Dans le Nord, décrira James Baldwin, le Noir se sent beaucoup plus démoralisé que dans le Sud... Là-haut il n'existe pas de signes manifestes, d'interdits signifiés en toutes lettres... Il faut se débrouiller entièrement au jugé : il peut toujours arriver qu'au restaurant on vous colle à une table derrière le poêle,

« LA NON-VIOLENCE EST UNE ARME PUISSANTE ET JUSTE, QUI TRANCHE SANS BLESSER ET ENNOBLIT L'HOMME QUI LA MANIE. C'EST UNE ÉPÉE QUI GUÉRIT. »

Martin Luther King, *Révolution non violente,* (1964) 1965.

Martin Luther King devant le tribunal du comté de Montgomery (Alabama), lors d'une marche de protestation après le *Bloody Sunday* (7 mars 1965) et les violences policières perpétrées à l'encontre des manifestants favorables aux *Voting Rights Act,* 17 mars 1965.

Martin Luther King, repoussé par les forces de l'ordre du Mississippi lors de la marche « contre la peur » organisée entre Memphis (Tennessee) et Jackson (Mississippi), 8 juin 1966.

ou qu'on vous flanque à la porte, ou encore que vous vous fassiez descendre… Quand vous cherchez un appartement, on ne vous dira pas "Fichez-moi le camp, sale Nègre". On vous dira que l'appartement n'est plus à louer ; et quand vous êtes à la recherche d'un travail, c'est la même chose et c'est à devenir fou. Et, dans le Nord, il arrive aux Noirs de devenir fous, justement pour cette raison[5]. »

Il est un autre militant qui a quatre ans de plus que King et un parcours à l'opposé. Enfance misérable dans le Nebraska puis dans le Michigan, fratrie nombreuse, une mère au psychisme chancelant, un père lui aussi pasteur baptiste mais une famille touchée en plein cœur par la violence raciste. Trois de ses oncles ont été tués par des Blancs en Géorgie, dont l'un a été lynché. Le Ku Klux Klan, massivement présent dans l'État du Michigan, y harcèle les Noirs qui osent prétendre à une vie normale, et les suprémacistes blancs provoquent un incendie dans la maison de ses parents. Son père, fervent admirateur de Marcus Garvey – donc de l'idée d'un retour des Américains noirs à la terre originelle, le continent africain –, est assassiné alors que lui n'est âgé que de cinq ans, et – contrairement à King – il connaîtra la misère dévorante décrite par Richard Wright dans *Black Boy* (1945) : Malcolm Little est une petite frappe, enfant placé, séparé de ses frères et sœurs, bon élève fréquentant pourtant les maisons de correction, tâtant bientôt du cambriolage, des armes, du trafic de drogue, proxénète à ses heures, condamné à dix ans de prison alors qu'il n'est âgé que de vingt et un ans, en 1946, le cœur saturé de la haine des Blancs qu'il rend responsables du saccage de sa jeune vie. Entre sa sortie anticipée de prison en 1952, pour bonne conduite, et son départ pour La Mecque en 1964, Malcolm, devenu X et leader majeur de la Nation of Islam, saura mettre en mots l'amertume de toute une génération d'Africains-Américains – « c'est un fait que depuis longtemps, le peuple souhaitait la violence et parlait du jour où il combattrait l'homme blanc[6] », dit en 1963, à propos des Noirs sud-africains, l'homme de paix Nelson Mandela, lui-même résigné à passer par l'action violente après avoir constaté que cinquante années de lutte non-violente n'avaient produit que plus de répression et plus de restrictions contre son peuple. X choisira d'abord l'affrontement, la détestation, l'appel aux représailles, le séparatisme, au moins jusqu'à sa conversion à l'islam sunnite et son pèlerinage à La Mecque, dont il reviendra changé, rompant les ponts avec la Nation of Islam, fondant son propre groupe de pression et tentant un rapprochement avec le King.

La violence en politique, donnée intrinsèque de l'histoire nord-américaine, mettra un terme brutal à leurs deux existences, comme elle mit fin à celles de John Fitzgerald et Robert Kennedy, comme la violence raciste faucha

« NOUS SOMMES VENUS ICI AUJOURD'HUI DÉNONCER UNE CONDITION HUMAINE HONTEUSE. »

Martin Luther King,
discours *I Have a Dream*, 28 août 1963.

tant de vies en quatre siècles. En 1963, dans sa fameuse *Lettre d'un prisonnier de Birmingham,* répondant à l'accusation de trouble à l'ordre public formulée par écrit par plusieurs responsables religieux juifs et catholiques de la ville qui lui reprochaient de vouloir obtenir trop vite l'égalité pour tous, Martin Luther King déclarait, en un long plaidoyer pour la non-violence, « Je suis à Birmingham parce que l'injustice est ici [...]. L'injustice, où qu'elle se produise, est une menace pour la justice partout ailleurs [...]. Ce qui affecte directement l'un d'entre nous, nous affecte tous. Depuis des années j'entends les mots "soyez patients !" Des mots d'une perçante familiarité aux oreilles de tous les Noirs. Nous avons attendu pendant plus de trois cent quarante ans pour que soient reconnus nos droits constitutionnels et ceux que nous accordent Dieu [...]. Nous savons que ce "soyez patients" a toujours signifié "jamais" [...]. Mais quand vous avez vu des foules perverties lyncher à volonté vos mères et vos pères, noyer à plaisir vos sœurs et vos frères ; quand vous avez vu des policiers pleins de haine brutaliser et parfois tuer vos frères et sœurs noirs ; quand vous voyez la majorité de vos vingt millions de frères noirs suffoquer dans la geôle de la pauvreté, au milieu d'une société en pleine expansion [...] quand vous devez trouver quoi répondre à votre fils de cinq ans qui demande "Papa, pourquoi les Blancs traitent aussi mal les Noirs ?" [...]. Quand vous êtes harcelé le jour et hanté la nuit par le fait d'être un Noir, marchant toujours sur la pointe des pieds sans savoir ce qui peut vous arriver l'instant d'après, intérieurement accablé par la peur, extérieurement par le ressentiment ; quand vous combattez sans cesse la sensation dévastatrice de n'être personne, [alors] vient un temps où la coupe est pleine et où les êtres ne supportent plus d'être plongés dans le désespoir »... Chemin parcouru, chemin à parcourir, chemin à reconquérir.

Assassinat de Martin Luther King : Ralph Abernathy et Jesse Jackson se tiennent debout sur le balcon du motel Lorraine, à Memphis (Tennessee), pointant du doigt la direction d'où a surgi la balle qui a tué Martin Luther King, gisant à leurs pieds, 4 avril 1968. Photographie de Joseph Louw.

Corps partiellement recouvert de Martin Luther King, 4 avril 1968. Photographié par Joseph Louw.

Double page suivante : Martin Luther King et sa femme, Coretta Scott King, à la tête d'une marche en faveur du vote des Noirs organisée entre Selma et Montgomery (Alabama), 30 mars 1965. Photographiés par William Lovelace.

DE VERRE
DE PONCES
DE VOLS ÉPARS D'OISEAUX
À TRAVERS LA DENTELLE HURLANT
TOUTE ÎLE EST DES TELCHINES
FÉROCES TOURNEURS EN ROND
ALORS
CHEVAUCHANT L'ÉTINCELLE

QUE LES FÉES ENTRELACENT
LEURS CERCEAUX DE PALOMBES

DRESSÉE À LES FRAPPER AU MUFLE
ET LES FAIRE RECULER
JE NE VOIS QUE TOI
EN FACE DES MONSTRES JAILLIE

Double page précédente : en commémoration du *Bloody Sunday* de 1965 à Selma (Alabama), Barack Obama marche avec la foule vers le pont Edmund Pettus, 7 mars 2015. Photographié par Scott Olson.

TOI CONTRE LES CYCLONES
TOI CONTRE LA VAGUE DÉVORANTE

TOI CONTRE L'AVANCÉE DES VOLCANS
ET LEUR ALERTE DE PIEUVRE

TOI CONTRE LES MALEBÊTES DE LA NUIT
TOI LES DÉFIANT D'UN GESTE PLUS FOU
L'OUTRAGE ET LE PRODIGE
TOI TOI TOI
GRANDE OMBRE TENDRE

HAGARDE D'UN DERNIER ET TUTÉLAIRE
REGARD

Aimé Césaire, *Tutélaire, 1994.*

Avant-propos

1. « La mer »
2. James Baldwin, *Notes of a Native Son*, 1963, trad. fr. *Chroniques d'un pays natal*, Paris, Gallimard, 1973.
3. Martin Luther King, discours d'acceptation du prix Nobel de la paix, Oslo, 10 décembre 1964.
4. « Les Noirs ne sont pas servis ici ».
5. René Char, « Dédicace », *Recherche de la base et du sommet, suivi de Pauvreté et privilège*, Paris, Gallimard, « Espoir », 1955.
6. Martin Luther King, discours d'acceptation du prix Nobel de la paix, Oslo, discours cité.
7. René Char, premier « Billet à Francis Curel », 1941, *Pauvreté et privilège*, *op. cit.*
8. Georges Brassens, « En attendant Bobino », 15 octobre 1969. Archives INA.
9. James Baldwin, « The Creative Process », in *Creative America*, 1962, rééd. in James Baldwin, *The Price of the Ticket: Collected Nonfiction, 1948-1985*, 1985.
10. William Blake, *The Marriage of Heaven and Hell*, trad. fr. par André Gide, *Le Mariage du ciel et de l'enfer*, Paris, *NRF*, 1922.
11. Patrick Chamoiseau, *Écrire en pays dominé*, Paris, Gallimard, 1997.

Jean-Michel Basquiat

1. Pierre Bourgeade, *New York Party*, Paris, Gallimard, 1969.
2. En 1979, alors âgé de dix-neuf ans, Jean-Michel Basquiat montait, avec plusieurs amis aussi peu musiciens que lui, le projet Gray. Éphémère surgissement sur la scène musicale punk.
3. *Basquiat*, cat. expo., musée d'Art moderne de la Ville de Paris, Paris, Paris musées, 2010.
4. En 1981, Jean-Michel Basquiat participe à l'exposition *New York/New Wave*, où il fait sensation. Réel point de départ de sa carrière.
5. Jean-Michel Basquiat, conversation avec Bruno Bischofberger. Propos rapportés par Bruno Bischofberger dans le documentaire *Jean-Michel Basquiat : The Radiant Child*, de Tamra Davis, 2010.
6. Thomas Bernhard, *Sur les traces de la vérité. Discours, lettres, entretiens, articles*, Paris, Gallimard, « Arcades », 2013.

Honoré de Balzac

1. Honoré de Balzac, *Lettres à l'étrangère*, I, 7, in *Œuvres posthumes*, Paris, Calmann-Lévy, 4 volumes, 1899-1950.
2. Félix Davin, « Introduction aux *Études de mœurs* », in Honoré de Balzac, *Scènes de la vie privée*, Paris, Madame Charles-Béchet, 1835.
3. Honoré de Balzac, « Introduction au *Lis dans la vallée*. Historique du procès auquel a donné lieu *Le Lis dans la vallée* », 2 juin 1836, *Le Lis dans la vallée*, Bruxelles, Méline, 1836.
4. Félix Davin, *op. cit.*
5. Honoré de Balzac, « Avant-Propos de *La Comédie humaine* », 1842, *La Comédie humaine*, Paris, Gallimard, « La Pléiade », 1976, tome I.
6. Félix Davin, « Introduction aux *Études philosophiques* », in Honoré de Balzac, Études philosophiques, paris, Werdet, 1835-1836.
7. Honoré de Balzac, « Avant-Propos de *La Comédie humaine* ».
8. Honoré de Balzac, « Avant-Propos de *Scènes de la vie privée* », 1842, *ibid.*, tome I.
9. Félix Davin, « Introduction aux *Études de mœurs* », *op. cit.*
10. Lettre à Madame Hanska, janvier 1833, peu après leur rencontre, in Honoré de Balzac, *Lettres à l'étrangère*, *op. cit.*
11. *Ibid.*
12. Pierre-Georges Castex, « L'univers de *La Comédie humaine* », in Honoré de Balzac, *La Comédie humaine*, *op. cit.*, tome I.
13. Honoré de Balzac, « Avant-Propos de *La Comédie humaine* », *op. cit.*
14. *Ibid.*
15. Victor Hugo, éloge daté du 20 août 1850, in Honoré de Balzac, *La Comédie humaine*, *op. cit.*, tome I.

Bertrand Russell

1. Bertrand Russell, *The Autobiography of Bertrand Russell: 1872-1914, 1914-1944, 1944-1967*, 1967-1969, trad. fr. *Autobiographie (1872-1967)*, Paris, Les Belles Lettres, « Le goût des idées », 2012.
2. *Ibid.*
3. Gabriel García Márquez, *Vivir para contarla*, 2002, trad. fr. *Vivre pour la raconter*, Paris, Grasset, 2003.
4. Nelson Mandela, *L'Apartheid*, Paris, Les Éditions de Minuit, 1965, rééd. 1985. Nelson Mandela se défend lors de son procès, en novembre 1962 ; il répond aux accusations d'incitation à la grève parmi des travailleurs africains, en mars 1961, et de sortie du territoire sans passeport en règle.
5. Albert Einstein, cité in Bertrand Russell, *Autobiographie*, *op. cit.*
6. Bertrand Russell, *ibid.*

Patrick Chamoiseau

1. François Rabelais, *Gargantua*, 1954.
2. Jean Bernabé, Patrick Chamoiseau, Raphaël Confiant, *Éloge de la créolité*, Paris, Gallimard, [Saint-Joseph], Presses universitaires créoles, 1989.
3. Patrick Chamoiseau, *Écrire en pays dominé*, Paris, Gallimard, 1997.
4. *Ibid.*
5. *Ibid.*
6. « Tant de lectures depuis l'enfance m'ont laissé mieux que des souvenirs : des sentiments. Mieux qu'une bibliothèque : une sentimenthèque », in Patrick Chamoiseau, *Écrire en pays dominé*, *op. cit.*
7. *Ibid.*
8. *Ibid.*
9. *Ibid.*
10. *Ibid.*
11. *Ibid.*
12. *Ibid.*
13. « Ce frère était une sorte de génie. (...) Le matin au lever, il saluait le soleil d'une récitation de vers indéchiffrables. J'étais pour lui d'habitude une virgule négligeable. Mais ce jour-là, saisi d'une pulse de sympathie, il me fit asseoir en face de lui. Solennel, une main sur mon épaule, il me récita de mémoire un extrait de l'ouvrage qu'il tenait plaqué contre sa poitrine » (N.D.E. : le *Cahier d'un retour au pays natal*, d'Aimé Césaire), *ibid.*
14. Aimé Césaire, « Tutélaire », in « Comme un malentendu de salut... », *La Poésie*, Paris, Seuil, 1994.
15. Nina Simone, cité par Ruth Feldstein, « Nina Simone's Border Crossings », in James T. Campbell, *Race, Nation & Empire in American History*, 2009.
16. Jean Bernabé, Patrick Chamoiseau, Raphaël Confiant, *op. cit.*
17. Patrick Chamoiseau, *Écrire en pays dominé*, *op. cit.*
18. Jean Bernabé, Patrick Chamoiseau, Raphaël Confiant, *op. cit.*

Jacques Brel

1. Jacques Brel, Jean Corti, Gérard Jouannest, *Les Toros*, 1963.
2. Jacques Brel, *Les Marquises*, 1977.
3. Jacques Brel, *Jaurès*, 1977.
4. Jacques Brel, Gérard Jouannest, *Mathilde*, 1964.
5. Jacques Brel, Gérard Jouannest, *L'Amour est mort*, enregistré en 1977, édité en 2003.
6. Jacques Brel, *La Quête*, 1968.
7. Jacques Brel, *La Cathédrale*, enregistré en 1977, édité en 2003.
8. Jacques Brel, *La Ville s'endormait*, enregistré en 1977, édité en 2003.
9. Barbara, *Monsieur Victor*, 1981.
10. Jacques Brel, *Ne me quitte pas*, 1959.
11. Jacques Brel, *Le Plat Pays*, 1962.
12. Jacques Brel, entretien télévisé accordé à Jean-Pierre Lannes le soir de l'annonce de son retrait de la scène, à Limoges, diffusé au journal de 20 heures de la deuxième chaîne de l'ORTF,

Notes et renvois

3 octobre 1966.
13. Jacques Brel, *Au suivant*, 1964.
14. Jacques Brel, entretien télévisé cité.
15. Jacques Brel, *Au suivant*, 1964.
16. Jacques Brel, in *Brel parle*, entretien filmé accordé à Henry Lemaire, réalisation Marc Lobet, Knokke, Belgique, 1971.
17. Jacques Brel, *Il nous faut regarder*, 1953.
18. Jacques Brel, *Seul*, 1959.
19. Jacques Brel, in *Brel parle*, entretien cité.
20. Jacques Brel, *Mon enfance*, 1967.
21. Jacques Brel, in *Brel parle*, entretien cité.
22. *Ibid.*
23. Jacques Brel, *Quand on n'a que l'amour*, 1956.
24. Jacques Brel, *Les Remparts de Varsovie*, 1977.
25. Jacques Brel, in *Brel parle*, entretien cité.
26. Georges Brassens, entretien télévisé accordé à Georges Begou, diffusé au journal de 20 heures d'Antenne 2, 9 octobre 1978.

Georges Brassens

1. Georges Brassens, entretien télévisé accordé à Claude Santelli, ORTF, 1er janvier 1969. Archives INA.
2. Georges Brassens, *Les Trompettes de la Renommée*, 1961.
3. Georges Brassens, *Trompe la mort*, 1976.
4. Georges Brassens, *La Mauvaise Réputation*, 1953.
5. Georges Brassens, *Mourir pour ses idées*, 1972.
6. Georges Brassens, *Le Pluriel*, 1966.
7. Georges Brassens, *Je me suis fait tout petit*, 1957.
8. Georges Brassens, lettre au philosophe Roger Toussenot, 1947, in Georges Brassens, *Lettres à Toussenot. 1946-1950*, recueil composé par Janine Marc-Pezet, Paris, Textuel, France Bleu, 2001.
9. Georges Brassens, in André Sève, *André Sève interroge Brassens. Toute une vie pour la chanson*, Paris, Le Centurion, « Les Interviews », 1975.
10. Georges Brassens, *La Mauvaise Réputation*, 1953.
11. Georges Brassens, dialogue télévisé sur l'engagement avec Jean Ferrat, animé par Jean-Pierre Chabrol, *L'Invité du dimanche*, ORTF, 16 mars 1969. Archives INA.
12. *Ibid.*
13. Georges Brassens, *La Complainte des filles de joie*, 1961.
14. Georges Brassens, *Pauvre Martin*, 1954.
15. Georges Brassens, entretien télévisé accordé à Claude Santelli, 1er janvier 1969, cité *supra*.
16. Georges Brassens, conversation avec Jacques Brel et Léo Ferré, initiée et enregistrée par François-René Cristiani pour RTL, Paris, 6 janvier 1969.
17. Jacques Brel, entretien télévisé accordé à Denise Glaser, *Discorama*, ORTF, 14 juin 1964. Archives INA.
18. Georges Brassens, entretien télévisé accordé à Georges Bortoli, *À la vitrine du libraire*, ORTF, 21 septembre 1963. Archives INA.
19. Georges Brassens, *La Mauvaise Réputation*, 1952.
20. Georges Brassens, *Chanson pour l'Auvergnat*, 1955.
21. Georges Brassens, *Hécatombe*, 1953.
22. Georges Brassens, *La Mauvaise Réputation*, 1952.
23. Georges Brassens, *Je me suis fait tout petit*, 1957.
24. Georges Brassens, *La Non-Demande en mariage*, 1966.
25. Georges Brassens, conversation avec Jacques Brel et Léo Ferré, 6 janvier 1969, citée *supra*.

René Char

1. Titre emprunté à Aimé Césaire, « Saison âpre », *Ferrements*, Paris, Seuil, 1960.
2. René Char, « Jouvence des Névons », 1949, *Les Matinaux. Poésie*, Paris, Gallimard, 1950.
3. René Char, « L'adolescent souffleté », *ibid.*
4. René Char, « Les dentelles de Montmirail », *La Parole en archipel*, Paris, Gallimard, 1962.
5. René Char, « Divergence », *Les Matinaux*, *op. cit.*
6. René Char, quatrième « Billet à Francis Curel », 1948, *Pauvreté et privilège*, in *Recherche de la base et du sommet, suivi de Pauvreté et privilège*, Paris, Gallimard, « Espoir », 1955.
7. Paul Veyne, *Et dans l'éternité je ne m'ennuierai pas. Souvenirs*, Paris, Albin Michel, 2014.
8. René Char, premier « Billet à Francis Curel », 1941, *Pauvreté et privilège*, *op. cit.*
9. René Char, quatrième « Billet à Francis Curel », 1948, *ibid.*
10. René Char, troisième « Billet à Francis Curel », 1946, *ibid.*
11. René Char, *Recherche de la base et du sommet*, *op. cit.*
12. René Char, quatrième « Billet à Francis Curel », 1948, *ibid.*
13. René Char, deuxième « Billet à Francis Curel », 1943, *ibid.*
14. René Char, « Vivre avec de tels hommes », *Seuls demeurent*, in *Fureur et mystère. Poèmes*, Paris, Gallimard, 1948.
15. René Char, quatrième « Billet à Francis Curel », 1948, *Pauvreté et privilège*, *op. cit.*
16. *Ibid.*
17. René Char, deuxième « Billet à Francis Curel », 1943, *ibid.*
18. *Ibid.*
19. René Char, quatrième « Billet à Francis Curel », 1948, *ibid.*
20. *Ibid.*
21. René Char, troisième « Billet à Francis Curel », 1946, *ibid.*
22. René Char, « Visite à René Char ou l'explication d'un poète d'aujourd'hui », entretien accordé à Jean Duché, *Le Figaro littéraire*, n° 132, 30 octobre 1948.
23. Albert Camus, lettre à René Char, 19 septembre 1950, in Albert Camus, René Char, *Correspondance. 1946-1959*, Paris, Gallimard, 2007.
24. René Char, lettre à Albert Camus, avril-mai 1950, *ibid.*

25. René Char, « Le taureau », *La Paroi et la prairie*, in *Les Matinaux*, *op. cit.*
26. Paul Veyne, *op. cit.*
27. René Char, « A*** », *À une sérénité crispée*, Paris, Gallimard, 1951.
28. René Char, lettre à Albert Camus, octobre 1949, in Albert Camus, René Char, *Correspondance. 1946-1959*, *op. cit.*
29. Albert Camus, lettre à René Char, novembre 1949, *ibid.*

Salman Rushdie

1. Salman Rushdie, *Midnight's Children*, 1981, trad. fr. *Les Enfants de minuit*, Paris, Stock, 1983.
2. Salman Rushdie, *Shame*, 1983, trad. fr. *La Honte*, Paris, Stock, 1984.
3. Salman Rushdie, *Joseph Anton: A Memoir*, 2012, trad. fr *Joseph Anton. Une autobiographie*, Paris, Plon, « Feux croisés », 2012.
4. *Ibid.*
5. Salman Rushdie, *La Honte*, *op. cit.*
6. Salman Rushdie, *Les Enfants de minuit*, *op. cit.*
7. Salman Rushdie, *The Satanic Verses*, 1988, trad. fr. *Les Versets sataniques*, Paris, Bourgeois, 1989.
8. Salman Rushdie, *La Honte*, *op. cit.*
9. Salman Rushdie, *Les Versets sataniques*, *op. cit.*
10. Salman Rushdie, *Joseph Anton. Une autobiographie*, *op. cit.*
11. Salman Rushdie, *The Ground Beneath Her Feet*, 1999, trad. fr. *La Terre sous ses pieds*, Paris, Plon, 1999.
12. Salman Rushdie, « Combattre l'extrémisme n'est pas combattre l'islam », entretien accordé à Philippe Coste, *L'Express*, n° 3342, 22 juillet 2015.
13. Salman Rushdie, *La Honte*, *op. cit.*
14. Salman Rushdie, *Les Enfants de minuit*, *op. cit.*

James Baldwin

1. James Baldwin, « The Creative Process », in *Creative America*, 1962, rééd. in James Baldwin, *The Price of the Ticket: Collected Nonfiction, 1948-1985*, 1985.
2. « Deux solitudes » incapables de s'entraider, pour reprendre le mot de Dany Laferrière.
3. James Baldwin, *Just Above my Head*, 1979, trad. fr. *Harlem Quartet*, Paris, Stock, 1987.
4. James Baldwin, « A Talk to Teachers », essai initialement intitulé « The Negro Child – His Self-Image » (16 octobre 1963) et publié par *The Saturday Review*, 21 décembre 1963, rééd. in James Baldwin, *The Price of the Ticket*, *op. cit.*
5. *Ibid.*
6. James Baldwin, *Notes of a Native Son*, 1963, trad. fr. *Chroniques d'un pays natal*, Paris, Gallimard, 1973.
7. *Ibid.*
8. James Baldwin, *Harlem Quartet*, *op. cit.*
9. James Baldwin, *Going to Meet the Man*, 1965, trad. fr. *Face à l'homme blanc*, Paris, Gallimard, 1968.
10. « Je sus que ma vie, ma propre vie, la vraie, était en danger, pas à cause de ce que quelqu'un d'autre m'aurait fait, mais à cause de cette haine qui grandissait dans mon cœur. » Baldwin, *Chroniques d'un pays natal*, *op. cit.*
11. James Baldwin, cité par Lee A. Daniels, « James Baldwin, Eloquent Writer In Behalf of Civil Rights, Is Dead », *The New York Times*, 2 décembre 1987.
12. James Baldwin, *No Name in The Street*, 1972, trad. fr. *Chassés de la lumière*, Paris, Stock, 1972.
13. *Just Above my Head [Harlem Quartet]* paraît en 1979. Ce sera son dernier roman, James Baldwin ne publiant plus ensuite que des poèmes et des essais, en 1983 et 1985.
14. James Baldwin, « The Creative Process », *op. cit.*

John Maxwell Coetzee

1. J. M. Coetzee, *Summertime*, 2009, trad. fr. *L'Été de la vie*, Paris, Seuil, 2010.
2. J. M. Coetzee, *Disgrace*, 1999, trad. fr. *Disgrâce*, Paris, Seuil, 2001.
3. J. M. Coetzee, *L'Été de la vie*, *op. cit.*
4. J. M. Coetzee, *Waiting for the Barbarians*, 1980, trad. fr. *En attendant les barbares*, Paris, M. Nadeau, Papyrus, « Les Lettres nouvelles », 1982, rééd. Paris, Seuil, 1987, 2000.
5. J. M. Coetzee, *L'Été de la vie*, *op. cit.*
6. J. M. Coetzee, *En attendant les barbares*, *op. cit.*
7. J. M. Coetzee, *Youth*, 2002, trad. fr. *Vers l'âge d'homme*, Paris, Seuil, 2003.
8. J. M. Coetzee, *In the Heart of the Country*, 1977, trad. fr. *Au cœur de ce pays*, Paris, M. Nadeau, Papyrus, « Les Lettres nouvelles », 1981, rééd. Paris, Seuil, 2006.
9. J. M. Coetzee, *Boyhood: Scenes from Provincial Life*, 1997, trad.fr. *Scènes de la vie d'un jeune garçon*, Paris, Seuil, 1999.
10. J. M. Coetzee, *Life and Times of Michael K*, 1983, trad. fr. *Michael K, sa vie, son temps*, Paris, Seuil, 1985.

Davi Kopenawa Yanomami

1. Davi Kopenawa, Bruce Albert, *La Chute du ciel. Paroles d'un chaman yanomami*, Paris, Plon, « Terre Humaine », 2010.
2. *Ibid.*
3. *Ibid.*
4. *Xawara* : terme désignant les maladies contagieuses.
5. Davi Kopenawa, Bruce Albert, *op. cit.*
6. *Yãkoana* : sève de l'arbre *yãkoana hi (Virola)*.
7. Davi Kopenawa, Bruce Albert, *op. cit.*
8. Davi Kopenawa, « Gens de près, gens de loin », in *Yanomami. L'esprit de la forêt*, cat. expo., Paris, Fondation Cartier pour l'art contemporain, Arles, Actes Sud, 2003.
9. Slavoj Zizek, *Violence. Six réflexions transversales*, Au diable Vauvert, 2012.
10. Alexis de Tocqueville, *Quinze Jours au désert, 1861*, Le Pré-Saint-Gervais, Le Passager clandestin, 2011.
11. Davi Kopenawa, Bruce Albert, *La Chute du ciel*, *op. cit.*
12. Sam Begay, entretien accordé à Marie-Claude Feltes-Strigler, États-Unis, 2005, in *Les Maîtres du désordre*, cat. expo., Paris, musée du Quai Branly, 2012.
13. Davi Kopenawa, Bruce Albert, *La Chute du ciel*, *op. cit.*

Mohamed Ali

1. Jack Rummel, *Muhammad Ali, Heavyweight Champion*, New York, Chelsea House Publishers, « Black Americans of Achievement », 1986.
2. Fred Hirzel, « Mohamed Ali, 70 ans de grandeur », in *Le Temps*, 17 janvier 2012.
3. Nina Simone, *Why? (The King of Love is dead)*, 1968.
4. Interview télévisée de Howard Cosell, sur la chaîne ABC, novembre 1992.

Philippe Petit

1. Philippe Petit, « Touching the Void » entretien accordé à Adam Higginbotham, *The Observer*, 19 janvier 2003.
2. Philippe Petit, conférence donnée à l'IdeaFestival, 2010.
3. Glenn Gould, « Let's ban applause! », *Musical America*, février 1962.
4. Philippe Petit, entretien cité.
5. *Ibid.*
6. Homère, *Odyssée*, vers la fin du VIIIe siècle avant J.-C.
7. Barnett Newman, *Selected writings and interviews*, 1990, trad. fr. *Écrits*, Paris, Macula, 2011.

Alexandre Dumas

1. Alexandre Dumas, lettre adressée à un groupe de jeunes Haïtiens, 5 août 1838.
2. Alexandre Dumas, *Mes mémoires*, Paris, A. Cadot, 1852-1854, chapitre II.
3. *Ibid.*, chapitre III.
4. *Ibid.*, chapitre II.
5. *Ibid.*, chapitre XVI.
6. Général Dumas, missive au Comité de salut public, Mont-Cenis, 25 floréal an II (14 mai 1794), in *Gazette nationale ou Le Moniteur universel*, n° 242, 2 prairial an II (21 mai 1794).
7. Général Dumas, lettre à Kléber, Boulak, près Le Caire, 9 thermidor an VI (27 juillet 1798), in Alexandre Dumas, *Mes mémoires*, *op. cit.*, chapitre XI.
8. *Ibid.*, chapitre XL.
9. *Ibid.*, chapitre XXVIII.

Notes et renvois

10. Alexandre Dumas, *Viva Garibaldi ! Une odyssée en 1860*, texte établi, présenté et annoté par Claude Schopp, Paris, Fayard, 2002. Cet ouvrage réunit les épisodes du feuilleton *Varietà : Memorie di Garibaldi*, publié dans *L'Independente* du 20 octobre 1860 à mai 1862.
11. Alexandre Dumas, *Impressions de voyage*, 1833-1860, volume 1 : *Suisse*, Paris, F. Bourin, 1989-1991.
12. *Ibid.*
13. Comtesse Dash, *Mémoires des autres*, 1896-1898, tome VI : *Souvenirs anecdotiques sur mes contemporains*, chapitre XVII, Paris, La Librairie illustrée, 1897.

Jim Harrison

1. Jim Harrison, *Off the side*, 2003, trad. fr. *En marge*, Paris, C. Bourgeois, 2003.
2. *Ibid.*
3. *Ibid.*
4. William Blake, *The Marriage of Heaven and Hell*, trad. fr. par André Gide, *Le Mariage du ciel et de l'enfer*, Paris, *NRF*, 1922.
5. « Jim Harrison – just a writer », entretien accordé à Lindsay Ahl, *Bliss Magazine*, 2006.
6. Jim Harrison, « The Beginner's Mind », in *Heart of the Land*, 1994, trad. fr. « Gray Ranch », in *Terres d'Amérique*, Paris, Albin Michel, 1997.
7. Jim Harrison, *En marge*, *op. cit.*
8. *Ibid.*

Ray Charles

1. En novembre 1957, Ray Charles jouait pour la première fois au Carnegie Hall, à Manhattan, New York, à l'occasion d'un concert au cours duquel intervint notamment Billie Holliday. L'un des plus grands souvenirs de son existence, confiera-t-il.
2. Ray Charles, David Ritz, *Brother Ray: Ray Charles' Own Story*, New York, 1978. tr. fr. *Le Blues dans la peau*, Paris, Presses de la Renaissance, 1979, rééd. augmentée, Paris, Belfond, 2005.
3. *Ibid.*
4. *Ibid.*
5. *Ibid.*
6. Ray Charles, « Ray Charles: The Rolling Stone Interview. Getting real with the great one », entretien accordé à Ben Fong-Torres, *Rolling Stone*, 18 janvier 1973.
7. Ray Charles, David Ritz, *op. cit.*
8. Ray Charles, entretien cité.
9. Barbara, *Mille Chevaux d'écume*, 1993.

William Faulkner

1. William Faulkner, « The Art of Fiction XII: William Faulkner », entretien accordé à Jean Stein, *Paris Review*, printemps 1956, trad. fr. « Comment je suis devenu écrivain », in *Paris Review. Les entretiens*, Paris, Christian Bourgeois, tome II, 2011.
2. William Faulkner, *As I Lay Dying*, 1930, trad. fr. *Tandis que j'agonise*, Paris, Gallimard, 1934.
3. William Faulkner, « A Letter to the North », *Life Magazine*, 5 mars 1956.
4. William Faulkner, « Comment je suis devenu écrivain ».
5. William Faulkner, « A Talk with William Faulkner », entretien accordé à Russell Warren Howe, publié par *Sunday Times*, Londres, 4 mars 1956, puis *Reporter*, New York, 22 mars 1956.
6. William Faulkner, *If I Forget Thee Jerusalem*, 1939, trad. fr. *Si je t'oublie, Jérusalem*, Paris, Gallimard, « L'imaginaire », 2001. D'abord publié sous le titre *The Wild Palms*, trad. fr. *Les Palmiers sauvages*, Paris, Gallimard, 1952, ce recueil est composé de deux nouvelles : *Wild Palms (Les Palmiers sauvages)* et *Old Man (Le Vieux Père)*.
7. Jean Jamin, « Retour à Rowan Oaks », *L'Homme*, n° 195-196, 2010.
8. William Faulkner, *Sartoris*, 1929, trad. fr. *Sartoris*, Paris, NRF, « Du monde entier », 1937.
9. William Faulkner, « Comment je suis devenu écrivain ».
10. William Faulkner, *Sartoris*, *op. cit.*
11. William Faulkner, « Comment je suis devenu écrivain ».
12. William Faulkner, *The Hamlet*, 1940, trad. fr *Le Hameau*, Paris, Gallimard, 1959.
13. William Faulkner, *Sartoris*, *op. cit.*
14. William Faulkner, *Absalom, Absalom !*, 1936, trad. fr. *Absalon ! Absalon !*, Paris, Gallimard, 1953.
15. William Faulkner, *Le Hameau*, *op. cit.*
16. *Ibid.*
17. William Faulkner, *Tandis que j'agonise*, *op. cit.*
18. William Faulkner, « A Talk with William Faulkner », *op. cit.*

Martin Luther King

1. Martin Luther King, discours d'acceptation du prix Nobel de la paix, Oslo, 10 décembre 1964.
2. Martin Luther King, « The Un-Christian », *Ebony*, août 1965.
3. Martin Luther King, discours d'acceptation du prix Nobel de la paix, discours cité.
4. *Ibid*
5. James Baldwin, « Pour libérer les Blancs ? », entretien accordé à François Bondy, *Preuves*, n° 152, octobre 1963.
6. Extrait de la plaidoirie de Nelson Mandela par lui-même, procès de Rivonia, 1963. In Nelson Mandela, *L'Apartheid*, Paris, Les Éditions de Minuit, 1965, rééd. 1985.

Remerciements

Mes remerciements les plus admiratifs et ma gratitude la plus profonde vont à Anne Serroy et aux équipes des Éditions de La Martinière, qui ont une nouvelle fois accompli plusieurs miracles grâce à leur confiance, leur disponibilité sans faille, leur inventivité et leur patience à mon égard. Que mon amie Anne-Laure Cognet, éditrice surdouée, et Claire Lemoine, lectrice devin, sachent à quel point je leur suis reconnaissante d'avoir, bien des fois, mieux que moi lu dans mes propres pensées. Qu'Olivier Fontvieille et Anne Ponscarme soient avertis que dans mon panthéon personnel de *xapiri*, ils figurent en très bonne place. Merci aux hommes de ma vie, grand-père maternel, père, oncles, écrivains et poètes, pour la route tracée et les repères posés.

Crédits

Page **15** : © Christie's/Bridgeman Images/ADAGP. Page **17** : © Christie's/Bridgeman Images/ADAGP. Page **18** : © Archives du 7e Art/New York Beat Films. Page **20** : © Archives du 7e Art/New York Beat Films. Page **23** : © Ron Galella/WireImage. Page **24** : © Lee Jaffe/Getty Images. Page **27** : © PVDE/Bridgeman Images. Page **29** : © adoc-photos. Page **31 (bas)** : © Duvallon/Leemage. Page **31 (haut)** : © Duvallon/Leemage. Page **32** : © akg-images. Page **34** : © adoc-photos. Page **37** : © Collection Kharbine-Tapabor. Page **39** : © Hulton Archive/Getty Images. Page **41** : © Mary Evans/Sipa. Page **42** : © Mary Evans/Rue des Archives. Page **45** : © Mary Evans/Sipa. Page **46** : © Keystone/Getty Images. Page **51** : © Philippe Matsas/Opale/Leemage. Page **52** : © Sandrine Roudeix/Opale/Leemage. Page **54** : © Jean-Luc de Laguarigue. Pages **58-59** : © Jean-Luc de Laguarigue. Page **61** : © Rue des Archives/RDA. Page **63** : © Collection Kharbine-Tapabor. Page **65** : © Rue des Archives/RDA. Page **66** : © Jacques Haillot/Apis/Sygma/Corbis. Page **68** : © Rue des Archives /Collection CSFF. Page **69** : © Manuel Bidermanas/akg-images. Page **71** : © Botti/Gamma-Keystone via Getty Images. Page **72** : © APIC/Getty Images. Page **75** : © Louis Monier/Rue des Archives. Page **76** : © Rue des Archives/RDA. Page **78** : © L'Humanité/Keystone-France/Gamma-Rapho via Getty Images. Page **81** : © OZKOK/SIPA. Page **85** : © Jean Pol Stercq/Opale/Leemage. Page **87** : © Keystone France. Page **89** : © OZKOK/SIPA. Page **91** : © Francis Tsang/Cover/Getty Images. Page **92** : © Rue des Archives/RDA. Page **97** : © Anthony Anex/Epa/Corbis. Page **99** : © Philadelphia Museum of Art, Pennsylvania, USA ; Purchased with funds contributed by The Daniel W. Dietrich Foundation in memory of Joseph C. Bailey and with a grant from The Judith Rothschild Foundation, 1998/Bridgeman Images. Page **100** : © Rue des Archives/Everett/CSU. Page **102** : © akg-images. Page **105** : © Steve Schapiro/Corbis. Page **107** : © Jack Manning/New York Times Co./Getty Images. Pages **108-109** : © Buyenlarge/Getty Images. Page **111** : © AFP Photo/Tiziana FABI. Page **112** : © AFP Photo/Pressens Bild Pool/Henrik Montgomery. Page **117** : © Raymond Depardon/Magnum Photos. Page **119** : © Claudia Andujar. Page **121** : © Claudia Andujar. Page **125** : © AFP Photo/Shaun Curry. Pages **126-127** : © Ricardo Funari/Brazil Photos/LightRocket via Getty Images. Page **129** : © Bob Gomel/The LIFE Picture Collection/Getty Images. Page **130** : © Popperfoto/Getty Images. Page **132** : © John Shearer/The LIFE Picture Collection/Getty Images. Page **134** : © Picture Alliance/Rue des Archives. Page **135** : © Chris Smith/Popperfoto/Getty Images. Page **136** : © Superstock/Rue des Archives. Page **139** : © Jim Hughes/NY Daily News Archive via Getty Images. Page **140** : © AFP Photo/Gilles Leimdorfer. Page **143 (droite)** : © John O'Gready/The Sydney Morning Herald/Fairfax Media via Getty Images. Page **143 (gauche)** : © AFP Photo. Pages **144-145** : © Kerstgens/Sipa. Page **147** : © Bianchetti/Leemage. Page **149** : © adoc-photos. Page **152** : © adoc-photos. Page **155** : © Collection Kharbine-Tapabor. Page **157** : © akg-images. Page **158** : © akg-images. Page **161** : © Inediz Reports/Demotix/Corbis. Page **162** : © Rue des Archives/Everett. Page **167** : © Alec Soth/Magnum Photos. Page **169** : © Tony Evans/Timelapse Library Ltd./Getty Images. Page **171** : © Gilles Pétard Collection/Getty Images. Page **172** : © A. Romedenne/Kharbine-Tapabor. Page **175** : © Bill Ray/The LIFE Picture Collection/Getty Images. Page **176 (droite)** : © Rue des Archives/Everett. Page **176 (gauche)** : © Rue des Archives/Everett. Page **179** : © Carl Mydans/The LIFE Picture Collection/Getty Images. Page **182** : © Rue des Archives/Everett. Page **184** : © Alfred Eriss/Pix Inc./The LIFE Picture Collection/Getty Images. Page **185** : © akg-images/Mondadori Portfolio/Mario De Biasi. Page **186** : © John Bryson/The LIFE Images Collection/Getty Images. Page **189** : © John Dominis/The LIFE Picture Collection/Getty Images. Pages **190-191** : © akg-images. Page **193** : © akg-images. Page **195** : © akg-images. Page **196** : © Buyenlarge/Getty Images. Page **198** : © Declan Haun/Chicago History Museum/Getty Images. Page **201** : © akg-images / Universal Images Group/Underwood Archives. Page **202** : © Joseph Louw/The LIFE Images Collection/Getty Images. Page **203** : © Joseph Louw/Time Life Pictures/Getty Images. Pages **204-205** : © William Lovelace/Express/Getty Images. Pages **206-207** : © Scott Olson/Getty Images/AFP.

Couverture, de gauche à droite : Jean-Michel Basquiat © Lee Jaffe/Getty Images, Martin Luther King © Don Cravens/The LIFE Images Collection/Getty Images, Jacques Brel © Reporters associés/Gamma-Rapho via Getty Images, Philippe Petit © Jim Hughes/NY Daily News Archive via Getty Images. **Quatrième de couverture**, de gauche à droite : Mohamed Ali © Popperfoto/Getty Images, Georges Brassens © pwe Verlag GmbH/Ullstein Bild via Getty Images, William Faulkner © Rue des archives/RDA, Salman Rushdie © Christopher J. Morris/Corbis. **Rabat** : Audrey Pulvar © Cyrille George Jerusalmi.

Documentation : Farid Abdelouahab
Conception et réalisation graphiques :
O. Fontvieille, A. Ponscarme – offparis
Relecture et correction : Claire Lemoine
Équipe Styles, avec la collaboration
de Lucile Desmoulins et
Morgane Talbotier

ISBN 978-2-7324-7469-4
Photogravure : APS-Chromostyle, Tours
Dépôt légal : novembre 2015
Achevé d'imprimer en octobre 2015
sur les presses de Pollina - L73388
Imprimé en France